大学生、社会人の日本語応用力を伸ばす
使うことば２

戎 妙子　柴田 あぐに　関 綾子　中谷 潤子　松浦 芳子　松田 浩志　山田 勇人　著

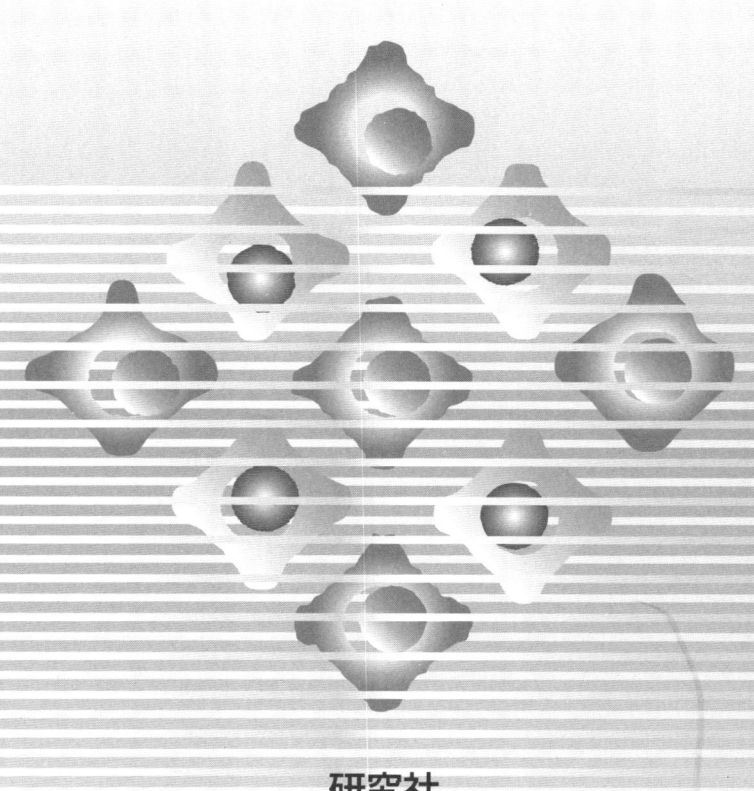

研究社

まえがき

　「健やかで、バランスのとれた」ことばの使い方を身につけるために、ことばをよく知り、それを縦横に使って、「身の丈に合ったことばの使い方を工夫」する。『使うことば』第一集の「まえがき」には、ことばを食材に見立てて、ことばの練習は自分流言葉の使い方を目指したレシピ作りだといった趣旨を記しました。この第二集でも、目指すところは同じです。

　第一集の四字熟語に代わって四拍語（擬音語、擬態語等）や意味の似た副詞表現（「突然」「急に」等）の練習、故事や諺、慣用句も切り口を変えた練習形式で、俎板に乗せました。短い段落を読んで、文脈から適切な表現を選び出したり、第一集で「決まり文句」と呼んだグループからも新しい食材が提供されます。

　第二集でも、「知ってるよ、こんな表現」をことさら取り上げて、「この食材は十分に使いこなせますか」と問い続けます。もう一度、食材の形、色合いを見つめ直して、吟味し直して、今までと違った使い方を工夫できませんか、と、食材の再吟味を促したいからです。「見たこと、聞いたことはあるな」という材料も豊富に並べます。自由自在に使いこなすことを目指してください。「こんな難しい表現、必要ない」グループの食材は、レシピに彩りを添えることが目的で、敢えて散らばせています。

　自分流ことばの使い方作りを目指した試行錯誤は、自分流場面の切り取り練習でもあります。目の前の現象や相手に伝えたいことを、より正確かつ効率的に、そして個性豊かに切り取り、相手に伝える。個性というスパイスを十分に利かせた一品にして相手に差し出す。自分流ことばのレシピ作りは、ことばを磨き、二つとない個性を紡ぎだすことにつながります。

　日本語は、個性豊かなレシピ作りの材料が、文字通り、無尽蔵の食材庫です。『使うことば』で提供できるのは、そのほんの一部。日本語蔵に分け入り、自らの手で無尽蔵の食材から自己流レシピ作りにぴったりの材料を選び出す楽しみへの誘いにすぎません。著者と一緒に無尽蔵の食材庫への旅を楽しんでいただければ、これ以上の喜びはありません。

　『使うことば』まで、食材の一部を引っ張り出すのには、研究社編集部の佐藤淳さんという心強い助け舟がありました。食材庫で右往左往する著者と一緒に吟味をし、整理整頓をした形で『使うことば』という場所まで、辛抱強く案内をしていただきました。本当にありがとうございました。

2011年10月
著者一同

『使うことば』の構成と狙い

『使うことば』は、30課から成り、練習問題形式になっています。それぞれの課には、ⅠからⅤまでの設問があり、それぞれ次のような狙いをもった設問です。

Ⅰ. 四拍語／類義語
　　日本語は四拍語(擬音語・擬態語・擬情語等)の感覚表現が実に豊かで、一大語群を作り上げています。「光」の語源が「ピカリ」であり、「ひよこ」の語源が「ピヨピヨ鳴く子」であるなど、事象をきめ細かく表現するために音や様態や心情を表す語が細分化してきた言語です。設問Ⅰでは、15課までは、これら四拍語を練習します。表現主体が感覚・感情・認識をきめ細かく捉え、同じような意味でも、細やかなニュアンスの違いを考え、正しく使えるようにすることを目指しています。
　　第16課からは、四拍語に代わって、同じような意味の副詞表現が登場します。共通点と相違点を考えることで、何気なく同じように使っている語が、根本的なところでは異なることを認識し、使えるようにすることを目的にしています。

Ⅱ. 故事・諺・慣用句
　　冗長に話さずとも、ずばりと事象を言い当てる故事・諺は、日本語を使って生きた先人の知恵の宝庫と言えます。本設問では、伝達の精度を高め、簡潔に表現するために、類似した故事・諺・慣用句の選択肢から設問文の状況に合うものを選び出し、類似した事象を先人がいかにつぶさに観察し、言語化してきたかを考えることを目的にしています。よく知っている表現、何となく見聞きした表現、全く初対面の表現が顔を出します。

Ⅲ. 慣用句
　　語と語が結び合わさってまったく異なる意味を生み出す慣用句を使った設問です。語の相乗効果を会得するとともに、助詞を使いこなす正確さを求める設問です。この設問にだけ、第一集で取り上げた表現がいくつか意図的に取り上げられています。

Ⅳ. 「まえがき」で説明した三つのグループの言葉や表現が選択肢として与えられた短い文章です。文脈から判断して適切な選択肢を選び出すのが設問の第一義

ですが、選択肢として並べられていることば、表現のすべてが「食材」にできることを目指した設問です。いわゆる用言の活用は文脈から読み取り、適切に対応することが求められます。

V. 決まり文句

一般に慣用的な表現と呼ばれないものの中でも、工夫を(凝らす、重ねる)のように決まった形で使われ、結束性の強い表現があります。第一集でそれらを、決まり文句と呼びました。本設問では、この決まり文句の一部を提示し、それと呼応する語を埋める練習を行います。各設問の1、2は名詞を提示し呼応するであろう述部を埋める練習、3、4は逆に述部を提示し、名詞を埋める練習、5、6は修飾語を提示し被修飾語を埋める練習になっています。設問によっては、答えが複数になるものも含まれています。「メモる」「シャワーする」など、日本語の動詞の特性を利用して最近ではなんでも簡略化する方向に向かっていますが、そもそも「メモ」は「取る」、「シャワー」は「浴びる」という結束性の強い相手がいます。また、「矍鑠とした」と来れば後ろには「老人」が、「紅顔の」と来れば後ろには「美少年」しか来ず、こうした組み合わせは日本文化を色濃く表しているとも言えます。本設問は、この「相手」を探し出すことによって無色透明の「する」にはない、食材の色合いを再認識し、使いこなすことを目的としています。

以上、『使うことば』の設問は、解答を求めることが第一義ではなく、答え、選択肢、あるいは、設問文中に使われていることばや表現を、「まえがき」で説明した「食材」として再吟味し、身につけることが目的の設問です。その点をよく理解した上で活用していただければと思います。なお、設問の中には、意図的に読みにくい漢字表記をしている部分があります。自分では漢字で書かないことばや表現でも、漢字表記に出会ったときに読めるようにと考えて、また、食材の出自に思いをいたすよすがになればと願ってのことです。

索引も活用してください。備忘録として、ちょっと時間のあるときに索引に並んだことばを見て、いくつが「食材」として使えるようになったかチェックをしてみるのに使ってください。漢字の練習にも利用できます。ひらがなの見出しを見ながら、漢字を頭に浮かべてみたり、書いてみたりと、いい頭の体操になると思います。

I〜Vの設問も、索引も、捨てる部分のない食材として『使うことば』を丸ごと活用していただければと思います。

目　　次

第 1 課 1
第 2 課 4
第 3 課 7
第 4 課 10
第 5 課 13
第 6 課 16
第 7 課 19
第 8 課 22
第 9 課 25
第 10 課 28
第 11 課 31
第 12 課 34
第 13 課 37
第 14 課 40
第 15 課 43
第 16 課 46
第 17 課 49
第 18 課 52
第 19 課 55
第 20 課 58
第 21 課 61
第 22 課 64
第 23 課 67
第 24 課 70
第 25 課 73
第 26 課 76
第 27 課 79
第 28 課 82
第 29 課 85
第 30 課 88

索引 91

第1課

I．（　）の中に入る言葉を選んで、文を完成してください。
 1. 座っている私の前に、（　　　　）した足どりの老人が立ったので、私も疲れていたが、席を譲らざるを得なかった。
    お酒を飲み過ぎて、足元が（　　　　）している友人を一人で帰すわけにはいかないので、タクシーで送ることにした。
　　　　　　［よぼよぼ　　よろよろ　　よたよた］
 2. セールスマンが、人の都合も考えずに自社製品の効用を（　　　　）まくしたてて、不快な思いをさせられた。
    難解な問題の解法を、皆の前で（　　　　）と、事もなげに解説する彼は凄い。
　　　　　　［べらべら　　すらすら　　ぺちゃくちゃ］

II．A、Bどちらの状況が与えられた表現に適していますか。Cはどちらかを使って文を完成してください。
 1. ［蛇の道は蛇　／　毒を以って毒を制す］
    A：警察はハッカーを捕まえるために、その世界の裏の裏まで通じている、元ハッカーに捜査協力を依頼した。
    B：警察は、暴力団同士の争いをしばらく静観して、お互いが力尽きて、共倒れするのを待って一斉摘発をすることに決めた。
    C：こう言ってはA君には悪いが、今度の騒動では、「（　　　　）」で、暴走族のまとめ役の経験を生かして、あの悪ガキ達をすっかり大人しくさせてくれた。
 2. ［鎌をかける　／　腹を探る］
    A：都知事選に立候補をすると予想される三氏は、出馬表明をめぐって、うまくマスコミも巻き込みながら互いに駆引きを続けている。
    B：朝から仕事に身の入らない様子のA子にそれとなく今日の予定を尋ねたら、退社後にお見合いの席が設けられているということだった。
    C：「今度の件では、あなたも結構甘い汁を吸うことになったのでは」とそれとなく（　　　　）てみたのだが、「滅相もない」と否定されてしまった。

第1課

3. ［墓穴を掘る　／　身から出た錆］
A：アリバイを作るために犯人自らが撮影した映像が動かぬ証拠となり、今日犯人は逮捕された。
B：コンピューターの操作ならお手の物だと見栄を張ったばかりに、ソフトの開発を押し付けられてしまった。
C：どう見ても功名狙いのごり押しでプロジェクトを推し進めていた課長が、会社に大損をさせ(　　　)結果となった。もう部長は無理だろう。

Ⅲ．次の(　　)に適当な助詞を入れ、a〜cをd〜fと結んで文を完成してください。

例)

意	(を)体して	[a]	[d]	結論を蹴る。
	(に)染まぬ	[b]	[e]	結論を出す。
	(を)決して	[c]	[f]	結論を導く。

答　[a]—[f]　[b]—[d]　[c]—[e]

1.

身	(　)退いて	[a]	[d]	応援した。
	(　)固めて	[b]	[e]	早く孫の顔を見せてやりたい。
	(　)乗り出して	[c]	[f]	後進に任せる。

答　[a]—[　]　[b]—[　]　[c]—[　]

2.

歩き過ぎて	[a]	膝	[d]	(　)打った。
彼は、ハッとした顔で	[b]		[e]	(　)突き合わせて相談した。
大切な問題なので	[c]		[f]	(　)笑う。

答　[a]—[　]　[b]—[　]　[c]—[　]

第1課

IV. （　）に適当な言葉を選んで入れ、文章を完成してください。

　　授業が終わるが早いか、校庭を駆け抜けて一目散に湖畔の一角へ。ガキ大将を中心にいつものグループがいつもの場所に（　　　）と、夏の子ども天国の幕開けだ。
　　湖に潜って貝を探す子や早速釣糸を垂れる子、小刀を持って何やら木片と取り組んでいる子もいる。それぞれが自分流のスケジュールに従って遊びのメニューを追い始めると、上級生の傍らには、子分よろしく下級生が席を定め上級生のすることを（　　　）ように見つめている。
　　しばらくすると「釣れた！」と（　　　）声が上がったり、木製の刀の（　　　）を比べあったりする光景が繰り広げられる。水藻に足を取られてずぶ濡れになろうが、上から下まで木屑だらけになろうが、そんなことは（　　　）。湖の対岸に陽が姿を隠し、腹の虫が鳴き出すまでは子ども天国の営みが続けられる。
　　「子どもたちをもう少し自由にしてみては」で始まった子育て談義。湖の傍らで子ども時代を過ごした私の話を聞いて、「そんな（　　　）も甚だしい」と、妻は（　　　）で「今の時代、子どもたちの安全管理はね...」と私を諭しにかかった。

　　　　［上ずる　食い入る　時代錯誤　したり顔　陣取る　出来栄え　へっちゃら］

V. （　）に言葉を補って、文を完成してください。

1. 息子は、掃除したときに彼女からのラブレターを見つけたという母の冗談を真に（　　　）、青筋を（　　　）怒り出した。
2. 一見うだつが（　　　）政治家だが、今回の貿易自由化法案が難航しているのは、彼が睨みを（　　　）からだとの専らの噂だ。
3. 目の前に無造作に置かれた皿が、権力に（　　　）を言わせて、秀吉が利休から取り上げたいわくつきの代物だと聞いて、思わず（　　　）を疑った。
4. 一時（　　　）を振るったインフルエンザに罹り、友人が一粒種を亡くしたと聞いて（　　　）が塞がれる思いをした。
5. 「穿った（　　　）をすれば、部長は課長を利用しています」と部長の私に進言してきた部下。実に鼻持ちならない（　　　）だ。
6. 薄氷を履む（　　　）で待っていたのに、先方から送られてきたのは通り一遍の（　　　）を並べた断り状だった。

第2課

Ⅰ. （　）の中に入る言葉を選んで、文を完成してください。
1. 皆の前で上司に罵られても、彼には一向応えないらしくて、仕事に戻っても相変わらず（　　　）した態度が治らない。
  ライバルが上司に怒られているのを見て彼は、いい気味だという表情で（　　　）笑っている。
  　　　　　　　［へらへら　　にたにた　　にやにや］
2. 大学の合格発表の掲示板に自分の番号を見つけた彼は、信じられぬ思いで、しばらくの間自分の番号を（　　　）と見つめていた。
  講演会に遅れて焦っていたので、会場に入った途端大きな物音を立て、皆に（　　　）と見られて恥ずかしかった。
  　　　　　　　［まじまじ　　じろじろ　　しげしげ］

Ⅱ. A、Bどちらの状況が与えられた表現に適していますか。Cはどちらかを使って文を完成してください。
1. ［二進も三進も行かぬ　／　抜き差しならぬ］
   A：Aさんは念願のマイホームを購入した直後にリストラされ、多額のローンを抱えて途方にくれている。
   B：ほんの出来心で手を出した薬物にすっかりからめ捕られ、Bは今では売人にまでなって組織との関係が絶てない。
   C：ガソリンは無くなるは、雨は次第に激しくなるはで、もう（　　　）状況に陥ったときに遠くに見えた赤色燈は、まさに救世主だった。
2. ［棚から牡丹餅　／　瓢箪から駒］
   A：何年かぶりに会った友人に、どんな成り行きからだったか家探しの苦労を話したところ、たまたま今手がけている物件を格安で紹介してくれた。
   B：社内の派閥争いの収拾がつかず、どの派閥にも属さないA氏が労せずして社長に就任することになった。
   C：友人の付き添いでオーディションに行ったとき、トイレ帰りの審査員に偶然見初められ、今や売れっ子タレント。（　　　）とは、まさにこのことだ。

3．［一杯食わす　／　裏をかく］
　A：バッターは外角高めにボールが来ると思い身構えたが、ピッチャーは内角低めにボールを投げた。
　B：ダフ屋に当日券は売り切れたと言われ、慌てて高いチケットを買ったが、コンサートホールに着くと入り口に「当日券あり」の張り紙がしてあった。
　C：篠突く雨の中を敵方の（　　　　）急襲し、勝利を挙げた信長若き頃の一戦は、いまだに語り継がれている。

Ⅲ．次の（　）に適当な助詞を入れ、a～cをd～fと結んで文を完成してください。
例）

意	（を）体して	[a]	[d] 結論を蹴る。
	（に）染まぬ	[b]	[e] 結論を出す。
	（を）決して	[c]	[f] 結論を導く。

　　　　答　[a]―[f]　[b]―[d]　[c]―[e]

1.

胸	（　）詰まって	[a]	[d] 小さい頃の辛い経験が蘇ってきた。
	（　）しまっていた	[b]	[e] 旅先での恋も、今や昔の物語だ。
	（　）焦がした	[c]	[f] スピーチができなくなってしまった。

　　　　答　[a]―[　]　[b]―[　]　[c]―[　]

2.

あの人に食べてもらおうと	[a]	腕	[d]（　）鳴る
今度師匠に会うまでに	[b]		[e]（　）ふるった。
材料を前に何を作ろうかと	[c]		[f]（　）磨くと誓った。

　　　　答　[a]―[　]　[b]―[　]　[c]―[　]

第2課

Ⅳ. （　）に適当な言葉を選んで入れ、文章を完成してください。

健太が、俄然学校中の注目を浴びることになったのは、サマーキャンプ以来である。

突然の豪雨に見舞われ、（　　　）という状況に陥り、先生も生徒もなす術もなく（　　　）するばかり。時には責任をなすりつけ合って（　　　）をするグループまで出る始末で、収拾のつかない状態になってしまった。そんな状況で健太が劇的に登場する。

いつもはいるのだかいないのだかよく分からないほどおとなしい健太が、先生に何かを告げようとするのだが、先生は、（　　　）様子もない。すると健太は、上半身裸になり、どこで見つけたのか太いロープを体に巻きつけて、「しっかり持ってろ」と片方の端を近くにいたクラスメートに手渡すや、川に飛び込んだ。サマーキャンプでテントを張っていたのは川の中州、急な増水で孤立しかねない状況だ。

健太は対岸に着くと、ロープを使って順番に生徒が川を渡るのを手伝い、その合間に携帯を使って応援隊を呼ぶという教師も（　　　）の大活躍である。

（　　　）ところで全員無事の結末となったこのキャンプ騒動が終わって以来、学校で体育祭や文化祭などの行事があるときには、健太は（　　　）の人気である。

［あわや　いがみ合い　右往左往　形無し　際どい　取り合う　引っ張り凧］

Ⅴ. （　）に言葉を補って、文を完成してください。
1. 新進の映画監督Ａの新作は、人々の度肝を（　　　）ストーリーが評判を呼び、Ａ監督の名を（　　　）ことになった。
2. アメリカの大学院に留学し、博士号という箔を（　　　）帰国した彼は、ある教授のお眼鏡に（　　　）、国立大学の教授として迎え入れられることとなった。
3. 敵対する両者の（　　　）を取り繕おうとして、あの手この手と試みてみたが、結局二人の（　　　）は埋まらなかった。
4. 裏切り者の（　　　）を捺された彼は、自分に掛けられた（　　　）を払拭すべく真実を公にした。
5. 澄み渡る（　　　）とのどかな田園風景。ここが、村人が一夜にして殺害されたという血塗られた（　　　）の村とは信じがたい。
6. 昔の恋人に出くわし、素っ頓狂な（　　　）を上げてしまった。彼はといえば、素っ気ない（　　　）で、拍子抜けした。

第3課

I. (　)の中に入る言葉を選んで、文を完成してください。

1. 渋滞に巻き込まれ、それでも必死の思いで現場についたのに、「今頃(　　　)やって来たって準備は全部終わったよ」と非難を浴びせられた。
   彼女は、普段はそんなことはないのに、酩酊してしまうと知らない人の誘いにでも平気で(　　　)ついて行く。
   　　　　　　[のこのこ　　ふらふら　　のそのそ]

2. 別れた理由は、周りの人には理解できないだろうが、彼が食べるときの(　　　)した姿がどうしても受け入れられなかったということだ。
   主治医の処方箋は、「これから先一番の良薬は、(　　　)食べて、体力を回復する」という内容だった。
   　　　　　　[ぱくぱく　　もりもり　　がつがつ]

II. A、Bどちらの状況が与えられた表現に適していますか。Cはどちらかを使って文を完成してください。

1. [蛇足　／　藪蛇]
   A：黙っていれば良いものを事の次第を正直に報告したために、上司の気分を害し説教された。
   B：部署への意見書を無記名で書くつもりだったが、余白についいつもの癖でイニシャルを入れて本名がばれてしまい、直属の上司に呼び出された。
   C：課長の説明が終わると、ゆっくりと部長が立ちあがって「特に補足はありませんが...」と(　　　)以外の何物でもない長広舌をふるった。

2. [口を拭う　／　白をきる]
   A：容疑者はDNA鑑定の結果と状況証拠が揃っているのに、どれもこれも与かり知らぬとまだ犯行を認めようとしない。
   B：内部告発をしたのは彼だと皆が薄々気づいているのに、彼は何食わぬ顔で今日も平然と仕事をしている。
   C：口の周りにクリームをつけたまま「あれはせっちゃんが食べた」とあくまでも(　　　)お兄ちゃんの姿に、教育をし直さなければと思ってしまった。

第3課

3．[胡麻を擂る ／ 点数を稼ぐ]

A: 課長は、部長が「家族旅行で一週間家を空けたいのだが、犬がいるから…」と呟くのを耳にするや否や、「私が」とその場で、犬の世話を買って出た。

B: 「センスが悪い」と思っていながら、B課長は社長のスーツやネクタイの組み合わせが絶妙だなんて、心にもないことを言って気に入られようとしている。

C: 入社以来同僚に白い目で見られながらもサービス残業を続けて（　　　　）C氏の狙いが、出世ではなくて課長の娘だったなんて、誰も想像できなかった。

Ⅲ．次の（　）に適当な助詞を入れ、a～cをd～fと結んで文を完成してください。

例）

意	（を）体して	[a]	[d]	結論を蹴る。
	（に）染まぬ	[b]	[e]	結論を出す。
	（を）決して	[c]	[f]	結論を導く。

答　[a]—[f]　[b]—[d]　[c]—[e]

1.

	むごい光景に思わず	[a]	目	[d]	（　）通した。
	駄目だという父親の	[b]		[e]	（　）背けた。
	学生の論文に	[c]		[f]	（　）盗んで抜け出した。

答　[a]—[　]　[b]—[　]　[c]—[　]

2.

鼻	（　）鳴らして	[a]	[d]	吠え面をかかしてやりたい。
	（　）へし折って	[b]	[e]	餌をねだる姿が可愛い。
	（　）つく	[c]	[f]	自信ありげな態度が嫌だ。

答　[a]—[　]　[b]—[　]　[c]—[　]

第3課

Ⅳ. （　）に適当な言葉を選んで入れ、文章を完成してください。

　ある日、机に向かって夕刊記事の整理をしている私のもとに、一本の電話がかかってきた。食品メーカーによる一連の「消費期限偽装」事件の発端となった内部告発があった。「どうか私の身元は（　　　　）にお願いします」と始まった彼の話は、俄かには信じられない内容であった。

　はじめは、私を警戒してか（　　　　）ような声で話していたのだが、その口調は次第に熱を帯びていった。聞いている私には、会社ぐるみの悪徳商法に対する（　　　　）憤りを誰かに伝え、何とかしなくてはという気持ちが切々と伝わってきた。

　「こんな消費者を一切無視した商法を（　　　　）おいては、伝統ある会社の（　　　　）になるばかりか、個人的にも一生悔いを残すことになるでしょう。（　　　　）会社を追われることになっても、せめてもの（　　　　）に...」と語る中堅幹部社員の悲痛な言葉が、私を動かし、早速筆を執らせることになった。

　［消え入る　他言無用　罪滅ぼし　名折れ　のさばる　やり場のない　よしんば］

Ⅴ. （　）に言葉を補って、文を完成してください。

1. 金切り声を（　　　　）、部下を怒鳴り散らしていた上司も、プロジェクトが無事成功を収め、今ではすっかり角が（　　　　）、以前の柔和な表情に戻った。
2. 来年度の予算案で与野党が対立するなか、双方の落とし所を（　　　　）べく、両党幹部らが話し合いを持ったものの、話し合いは平行線に（　　　　）。
3. （　　　　）を許さない状態が続く父の容態にも、母は周りに気を遣わせまいと（　　　　）を装って、気丈に振舞っていた。
4. お世辞の一つも言えず（　　　　）が下手な彼は、会社でもいつも（　　　　）を引かされ、厄介な仕事を押しつけられている。
5. 藁をもつかむ（　　　　）でN教授に単位認定を頼んだが、射貫くような（　　　　）を向けられ、取りつく島もなかった。
6. 彼は本校では指折りの（　　　　）だと評判だが、それが、あんな振る舞いをするとは。今の若い者は、私たちの世代とは雲泥の（　　　　）がある。

第4課

Ⅰ．（　）の中に入る言葉を選んで、文を完成してください。
1. A氏が皆に敬遠されるのは、相手がたとえ初対面の人であっても、相手を慮ることなく立ち入ったことを（　　　　）聞くからだ。
テレビで現政権の問題点を（　　　　）指摘し、多くの人に指示されていた評論家が、いつの間にかマスコミから姿を消していた。
　　　　　　［ずけずけ　　ずばずば　　ずかずか］
2. 不慮の事故で子どもに先立たれ、葬儀で傍目も憚らず（　　　　）と泣く親の姿は見るに忍びなかった。
下級生にいじめられて（　　　　）泣いていた息子が、今では機動隊に入って多くの部下の指揮を執っているとは、親の私でさえも信じられない。
　　　　　　［さめざめ　　しくしく　　めそめそ］

Ⅱ．A、Bどちらの状況が与えられた表現に適していますか。Cはどちらかを使って文を完成してください。
1. ［煮え切らない　／　腕を拱く］
　A：決断力のない私は、飲み会に参加するかどうか曖昧なままにしていたら、幹事にあからさまに嫌な顔をされてしまった。
　B：引っ込み思案の我が子に積極的になってほしいと願っても、どうしてよいか分からずただ見ている親が多い。
　C：逼迫する状況に（　　　　）わけではないのだが、打つ手がすべて後手に回って、どうすることもできなくなってしまった。
2. ［寄らば大樹の蔭　／　長い物には巻かれよ］
　A：不況が長引いているせいか、中小企業は嫌だ、ベンチャーも嫌だ、公務員になりたいという安定志向の若者が最近増えている。
　B：草食系と言われる所以なのか、上司の言うことをおかしいと思いながらも、素直に聞き入れるおとなしい若者が最近増えている。
　C：一時はあれだけ盛り上がった住民運動だったのに、政府の甘言に乗せられて（「　　　　」）とばかりに、最近では運動もすっかり下火になってしまった。

第4課

3. ［上前をはねる　／　鞘を稼ぐ］

A：取引先に額面の大きな請求書を出させ、支払の後に何食わぬ顔で個人の口座にその一部を振り込ませていた出納係が逮捕された。

B：ヤクザの資金捻出手口のひとつは、土地の転売を裏で斡旋し、生じた利益を表に出ないように稼ぐやり方だ。

C：募金活動で集まったお金を、経費の一部だと言って私するなんて、泥棒が（　　　）よりもっと許せない行為だ。

Ⅲ．次の（　　）に適当な助詞を入れ、a〜cをd〜fと結んで文を完成してください。

例）

意	（を）体して	[a]	[d] 結論を蹴る。
	（に）染まぬ	[b]	[e] 結論を出す。
	（を）決して	[c]	[f] 結論を導く。

答　[a]—[f]　[b]—[d]　[c]—[e]

1.

外の話声に	[a]	気	[d]（　）持たせた。
思わせぶりな態度で	[b]		[e]（　）揉んで結果を待った。
首尾よくやれたかどうか	[c]		[f]（　）取られて仕事が捗らなかった。

答　[a]—[　]　[b]—[　]　[c]—[　]

2.

顔	（　）売ってから	[a]	[d] 選挙に出たほうが得策だ。
	（　）綻ばせて	[b]	[e] 上司にこっぴどく叱られた。
	（　）泥を塗ったと	[c]	[f] 孫の学芸会の演技に見入った。

答　[a]—[　]　[b]—[　]　[c]—[　]

第4課

Ⅳ. （　）に適当な言葉を選んで入れ、文章を完成してください。

　滅多なことでは（　　　）にならない大使館員の接待費浪費の実態が、（　　　）マスコミに取り上げられることになったのは、なりふり構わず出世街道を走ろうとする一大使館員の（　　　）がきっかけであった。

　出世競争のライバルが自分よりも先に特命公使に（　　　）ことができたのは、外交官の特権と法の（　　　）を悪用して、ひたすら上司の心証が良くなるように金を使い続けたからだ。そう信じ込んだこの大使館員は、自分の同様の行為は棚に上げ、ライバルを抜き差しならない状況に陥れて失脚させようと、馴染みの新聞記者に接待費浪費の一端を遠回しにリークしたのである。接待費問題は野党に取り上げられ、政府を揺るがすほどの大事件に発展した。

　ニュースに接した国民は、税金の無駄遣いに憤りを感じたのは勿論だが、官僚たちの（　　　）とも思えない出世争いの（　　　）を知って唖然とさせられた。

　［内幕　表沙汰　軽挙妄動　正気の沙汰　抜け道　のし上がる　端なくも］

Ⅴ. （　）に言葉を補って、文を完成してください。

1. 成果主義に走り、手間暇を（　　　）捜査をないがしろにしてきた警察は、不法逮捕や誤認逮捕の不祥事が続き、引っ込みが（　　　）状況になってしまった。

2. 決して人に弱みを（　　　）新人作家のＡは、自身の作品を酷評され、「この作品の良さが分からない奴は読まなくて結構」と啖呵を（　　　）。

3. 新入社員の私は、同期入社であるＡ氏の（　　　）を覆いたくなるほどの身勝手な行動に、これから（　　　）が思いやられると困惑している。

4. 市長選に出馬したＳ氏は、新たな対抗馬の出現に自陣に（　　　）はないと判断し突然出馬を取り止め、世間の（　　　）を買った。

5. 社長の右腕として全幅の（　　　）を寄せられていたＴ部長だが、病に倒れ、今では見るに忍びない（　　　）になってしまったということだ。

6. 筆舌に尽くせぬ（　　　）を重ねて事件を解決したＨ刑事は、警視総監から下にも置かぬ（　　　）を受けて、大感激の面持ちだった。

第5課

I．（　）の中に入る言葉を選んで、文を完成してください。

1. 海外で買ってきたご自慢のバックが偽ブランド品だと知った彼女は、怒りにまかせて（　　　　）に切り裂いた。
   （　　　　）でも傷があっても、ブランド品なら高値で買い取りをしてくれるという店があると聞き、タンスの肥やしになっていたブランド品を掻き集めた。
   ［ずたずた　　めためた　　ぼろぼろ］

2. 会議中に全く別のことを考えていたので、突然意見を求められ、（　　　　）してしどろもどろの返答になってしまった。
   子どもが聞くことだからと、軽くあしらっていたが、小学校も高学年になると質問が難しくなり、時には親の私も（　　　　）とさせられてしまうことがある。
   ［どぎまぎ　　たじたじ　　どきどき］

II．A、Bどちらの状況が与えられた表現に適していますか。Cはどちらかを使って文を完成してください。

1. ［二の句が継げない　／　開いた口がふさがらない］
   A：Aさんは一度断っておきながら、やっぱり参加したいと言ってきた。無理をして追加したのに、旅行の前日になってまたまたキャンセルした。
   B：Bさんに旅行のキャンセル料の請求をしたところ、次回は必ず参加するから勘弁して欲しいと言われ、返事のしようがなかった。
   C：「これも私が買ったから」と台所用品まで箱に詰めて持ち出そうとする妻の姿に、亭主の方は、ただただ（　　　　）といった様子で見ているばかりだった。

2. ［後脚で砂をかける　／　恩を仇で返す］
   A：Aさんは二十年以上も勤続した会社を退職するに当たり、長年身を置いた部署の悪口を、あることないことブログに書き込んだ。
   B：Bさんは、公私ともいろいろと世話になった部長に一言も相談せず、これまでの業績を洗いざらい持って、ライバル会社へ転職を決めた。
   C：学生時代から、指導教授としてなにくれとなく面倒を見てきたC講師の（　　　　）を地で行くようなすっぱ抜きが原因で教授は職場を追われた。

第5課

3．[堪忍袋の緒が切れる　／　業を煮やす]

A：部長は、のらりくらり仕事をする部下をそのうち反省するだろうと見て見ぬふりをしていたが、今日ついに部長室に呼び出し怒鳴りつけた。

B：部長がのらりくらり返事を引き延ばすので、係長は返事を待ちきれず今日ついに社長室へ乗り込んだ。

C：辛抱強く待ち続けていた住民達は、いつまで経っても梨の礫を決め込む市側の態度に、とうとう（　　　　　）、政府へ直訴という手段に踏み切った。

Ⅲ．次の（　）に適当な助詞を入れ、a～cをd～fと結んで文を完成してください。

例）

意	（を）体して	[a]	[d] 結論を蹴る。
	（に）染まぬ	[b]	[e] 結論を出す。
	（を）決して	[c]	[f] 結論を導く。

答　[a]—[f]　[b]—[d]　[c]—[e]

1.

	言わなくてもいいことを他人の	[a]	耳	[d] （　）痛い思いをさせられた。
	欠点をずばりと指摘されて	[b]		[e] （　）入れる人がいる。
	うわさがとうとう社長の	[c]		[f] （　）届いてしまった。

答　[a]—[　]　[b]—[　]　[c]—[　]

2

足	（　）早いから	[a]	[d] そこの良さが分かるはずだ。
	（　）遠のいてしまって	[b]	[e] 皆元気でいるのか分からない。
	（　）伸ばして訪ねてみれば	[c]	[f] 今日のうちに食べたほうがいい。

答　[a]—[　]　[b]—[　]　[c]—[　]

第5課

IV. （　）に適当な言葉を選んで入れ、文章を完成してください。

　『寿司善』は、カウンターの向こうに立つ親父と息子の（　　　）客扱いがなんとも快く、時々顔を出す。店を（　　　）のは、目立たないようにカウンターの片隅に立つおかみさんなのだが、この人がまた、客がどんな難しい注文をしようが（　　　）のあしらいで、客を逸らさない。

　『寿司善』の入り口の横には、店を抱きかかえるようにして樹齢四百年という欅の大木がドンと腰を据えている。「店が（　　　）になったり、家族が大病をして、もう人生（　　　）。私がそんな顔をすると、おたおたするな。表へ出て、しばらく欅大明神とにらめっこしてこい」と、欅を「大明神」と呼んだ先代は親父さんを怒鳴りつけたという。

　「今は私が、息子に向かって同じようなことを言っていますよ。歴史の（　　　）を迎えても、何にも（　　　）ことなく私らの何倍も生きてきた命に、教えを乞えとね」。くるくる回るような寿司に職人の味が出せるか。欅様を見習って、どっしり構えてろって息子を叱咤するのだそうだ。

　私はいつか、『欅と寿司と』とでも題した記事を書いてみたいと思っている。

［折り目正しい　切り盛りする　当意即妙　動ずる　八方塞がり　左前　節目］

V. （　）に言葉を補って、文を完成してください。

1. 周りのおだてに（　　　）、やみくもに事業を拡張してきたが、今になってそのつけを（　　　）羽目になってしまった。

2. 枯れ葉の下に罠が（　　　）と知らない子熊が右足を失ったことが、母熊の怒りに火を（　　　）、すっかり凶暴にしてしまった。

3. 決勝戦終了五分前の一点で、相手に（　　　）をかけられた形になったが、それでも監督はあきらめず、「まだまだ、これからだ」と（　　　）を飛ばした。

4. 今回の社長の問題発言は、世間を（　　　）に回しただけではなく、会社の社会的信頼もまた（　　　）に堕ちることになった。

5. 甘く端正な（　　　）で一躍注目を集めた俳優は、スキャンダル騒ぎを起こさないように、水も漏らさぬ（　　　）で、私生活を隠し通している。

6. ここの板さんは叩き上げの（　　　）で、旬の魚を握ってくれる。難をつけるとすれば、目の玉の飛び出るような（　　　）だ。

第6課

I. (　)の中に入る言葉を選んで、文を完成してください。
1. 現場で容疑者を見たとの目撃証言が複数寄せられ、警官が問い詰めたところ、当人は「何かの間違いじゃないですか」と(　　　)と言い放った。
   検察側の証人が、「現場から走り去る姿を見た」と証言しているのに、被告席の男の耳に届いているのか、本人は(　　　)としている。
   　　　　　　[ぬけぬけ　　しゃあしゃあ　　おめおめ]
2. 夜行バスの発車時刻が迫っているのに、友人の姿が見当たらなくて、携帯に何度も電話をしたがつながらず、(　　　)させられた。
   結婚式も宴たけなわ。幼なじみがお祝いのスピーチを始めたが、暴露話をされはしまいかと(　　　)させられた。
   　　　　　　[やきもき　　はらはら　　そわそわ]

II. A、Bどちらの状況が与えられた表現に適していますか。Cはどちらかを使って文を完成してください。
1. [水をあける　/　群を抜く]
   A: 先日の知事選において、当選した知事と次点の候補者との得票差は、大接戦という選挙前の大方の予想に反して、かなり大きかった。
   B: Bは学業、スポーツはもとより、生活態度すべてにおいて、この学年のどの学生と比べてみても右に出る者がない優秀な学生である。
   C: 箱根駅伝において劇的な逆転劇が起きたのは、それまで他の選手に断然(　　　)トップを走っていた選手が、突然の痙攣に襲われたためだった。
2. [穴を埋める　/　尻を拭う]
   A: 試合直前に体調不良を訴え、主戦投手が欠場することになったが、控え選手の中から思わぬ伏兵が現れ、チームは初戦を飾った。
   B: 課長が私用で打ち合わせを突然キャンセルしたため、翌日部長が先方に出向き陳謝して、難なきを得た。
   C: 夫はお調子者で、後先のことも考えず、何でも安請け合いしてしまうので、いつも(　　　)、割を食うのは、妻の私のお役目だ。

3. ［胸騒ぎがする ／ 浮足立つ］
　A：選手たちは自信をもって試合に臨んだのに、試合開始後すぐに主将が簡単な打球の処理を誤ってしまい、チーム全体が落ち着きをなくすことになった。
　B：手が滑り、息子愛用のカップを割ってしまった母親は、ニューヨークへ旅立って行った息子の身を案じた。
　C：息子が突然応援に行くのをやめた試合で、フーリガンに観客三人が殺されたというニュースが報じられたが、何か（　　　　）ことでもあったのだろうか。

Ⅲ．次の（　）に適当な助詞を入れ、a〜cをd〜fと結んで文を完成してください。
例）

意	（を）体して	[a]		[d] 結論を蹴る。
	（に）染まぬ	[b]		[e] 結論を出す。
	（を）決して	[c]		[f] 結論を導く。

　　　　　答　[a]—[f]　　[b]—[d]　　[c]—[e]

1.

母はいつも私を叱って、弟の	[a]	肩	[d]（　）風を切って歩いている。
末の娘も結婚し、ようやく	[b]		[e]（　）持ってばかりだ。
ガキ大将の彼は、子分を引き連れて	[c]		[f]（　）荷が下りた。

　　　　　答　[a]—[　]　　[b]—[　]　　[c]—[　]

2.

やれるだけやってみようと	[a]	腹	[d]（　）括って危険な現場に臨んだ。
その場は謝ったが、	[b]		[e]（　）据わっていて、ベテランの風格だ。
新人の彼は	[c]		[f]（　）据えかねて、報復を考えている。

　　　　　答　[a]—[　]　　[b]—[　]　　[c]—[　]

第6課

IV. （　）に適当な言葉を選んで入れ、文章を完成してください。

　高い志を抱いた人たちが大きな夢を持って始めたNPOだったが、三年も経たずに解散してしまった。資金や人手の不足などみんなが納得できる理由ならまだしも、最後は会員同士が、それまでの仲間を（　　　）しあうという（　　　）を演じた挙句のなんとも悲しい結末だった。

　会長ばかりが表に出ると常日頃から（　　　）副会長が、例会の席で始めた会長批判が事の起こりであった。最初のうちは、「それを私に言うのは（　　　）だよ」と言って冷静に相手を（　　　）会長も、会員同士が（　　　）会の批判を口にしだすと、さすがに我慢できなくなって怒り出してしまい、突然、解散を宣言してしまった。

　今の世の中、一人ひとりの心の中に（　　　）我欲を捨てて、少し歩み寄る気持ちを持てば、もっと住みやすくなるからと願って、「AYUMI」と名付けて始めたNPO。それが、なんとも皮肉な、そして、お粗末な幕引きを迎えることになった。

　　　　［あしらう　巣食う　筋違い　てんでに　泥仕合　僻む　誹謗中傷］

V. （　）に言葉を補って、文を完成してください。
1. 両国の友好親善の試合であったが、試合終了間際、ある選手が審判の判定に言いがかりを（　　　）、両チームが乱闘騒ぎになるという後味の（　　　）結果となった。
2. 新居購入の頭金を当てに（　　　）、両親に相談を持ちかけたが、自分たちも手元不如意で今はびた一文も（　　　）と言われ、戸建ては夢物語に終わった。
3. 上司の（　　　）を食ったような態度に我慢ができなくなった同僚は、「いい加減にしろ」と上司に（　　　）を浴びせ、辞表を叩きつけた。
4. （　　　）に障ることがあったと言っては、仕事を変えていた弟が、今度の職場では同僚たちと（　　　）が合うのか、長続きしている。
5. 竣工式を終えるまでは、猫の手も借りたいほどの（　　　）だったので、海外に脱出して過ごした数日は、束の間の（　　　）になった。
6. 円らな（　　　）を見ていたら、生まれたばかりの我が子の健やかな（　　　）を祈らずにはいられなかった。

第7課

I. (　)の中に入る言葉を選んで、文を完成してください。
1. 夜中に両親が襖一つ隔てた部屋で何やら(　　　)話していたので、聞き耳を立てていたら、父が勤める会社の経営状態が思わしくないということだった。
　この一大事に、事態の打開策を聞いても社長は(　　　)口籠るばかりで、全く埒が明かず、このままだと会社の先行きが危ういと退社を決めた社員もいる。
　　　　　［ほそほそ　　もごもご　　ぶつぶつ］
2. 子育てと仕事に追われている私に夫がご褒美にとY喜劇のチケットをくれたおかげで、十数年ぶりに腹を抱えて(　　　)笑うことができた。
　人でごったがえす駅のホームで転んでしまって、周りの女子高生たちに(　　　)笑われ、穴があったら入りたい気分だった。
　　　　　［げらげら　　けたけた　　からから］

II. A、Bどちらの状況が与えられた表現に適していますか。Cはどちらかを使って文を完成してください。
1. ［急場を凌ぐ　／　窮すれば通ず］
　A：今月は思わぬ出費が続いて金欠だが、友達に無理を言って融通してもらったので、あと一週間、何とか食いつなぐことができそうだ。
　B：卒業まであとひと月に迫ったが、まだ仕事が見つからず、祈る思いで面接に臨んだところ、次の日に採用の連絡があった。
　C：なかなかよい解決策が浮かばず、十日ほど悶々と過ごしたが、「(　　　　)」で、締め切り直前になって突然アイデアが湧き出た。
2. ［自腹を切る　／　懐を痛める］
　A：学生の間は大学の備品として全く自由に使っていたが、卒業してから止む無く自費で自分専用のコンピューターを買うことになり、大切に活用している。
　B：送別会をしたが予算オーバーになり、足りない額をどうしようと同僚に相談してみたが、結局幹事の私が払うことになった。
　C：年末年始は飲み会が六つも続く予定。会費制とはいえ、こんなことで(　　　　)のは嫌だと思いながら、気が弱くて断れない。

第7課

3. [矢継ぎ早　／　間髪を容れず]

A: 面接官が「志望の動機は...」と問うと、学生は相手の質問が終わるのを待ちかねるようにして、準備していた答えを話し出した。

B: 面接官が「何か質問は」と問うと、学生はここで自己アピールをしなくてはと、次から次へと質問をし続けた。

C: 取引先から注文が来たが、社長は、先方の名前を耳にするや、一度不渡り手形をつかまされたことを思い出して、（　　　）断った。

Ⅲ. 次の（　）に適当な助詞を入れ、a〜cをd〜fと結んで文を完成してください。

例）

意	（を）体して	[a]		[d]	結論を蹴る。
	（に）染まぬ	[b]		[e]	結論を出す。
	（を）決して	[c]		[f]	結論を導く。

答　[a]―[f]　[b]―[d]　[c]―[e]

1.

母は人目を避けて、	[a]		[d]	（　　）弾んでいた。
合格を告げる電話口の向こうの	[b]	声	[e]	（　　）呑んだ。
あまりの惨事を目にし、思わず	[c]		[f]	（　　）殺して、泣いた。

答　[a]―[　]　[b]―[　]　[c]―[　]

2.

試験前なのにどうしても	[a]		[d]	（　　）持たない。
あまりの恐怖に	[b]	身	[e]	（　　）入らない。
こんなに忙しくては	[c]		[f]	（　　）すくんだ。

答　[a]―[　]　[b]―[　]　[c]―[　]

第7課

IV. （　）に適当な言葉を選んで入れ、文章を完成してください。

　私が、同じ公務員の道を選ぶことになったとき、親父は、「ただ酒だけは、口にするな。後で、（　　　　）目に遭うことになる」と言った。
　マスコミ関係の人間は、将来の情報源を確保しようと、新入りの公務員を取り込もうとする。いったんこれと狙いを付けると、「お近づきのしるしに...」と言って、新入りを酒の席に誘うのが（　　　　）だという。そうした手合いは、公務員になったばかりの人間よりはずっと業界の情報に通じていて、それを小出しにするものだから、誘われた方は、ついつい誘いに乗ってしまう。そこが相手の（　　　　）で、そこからは（　　　　）ようにして、時には、私的な生活の場にまで入り込もうとする手合いもいるという。
　こちらは気楽に酒を飲んでいるつもりでいても、相手は神経を（　　　　）、こちらの弱みを掴もうとする。一度弱みを掴まれようものなら、それこそ相手の（　　　　）。仕掛けられた罠に（　　　　）嵌ることになり、自分の同僚の中には、それが原因で失職した者もいたと、親父はそう警告した。

　［うまうまと　思う壺　常套手段　手痛い　研ぎ澄ます　にじり寄る　狙い目］

V. （　）に言葉を補って、文を完成してください。
1. 料理本を見ながら、ようやく作り上げた料理を夫に出したら、味が変だとけちを（　　　　）、すっかりやる気が（　　　　）しまった。
2. 政府与党の案に野党が難色を（　　　　）ため、与党幹部は再度修正案を野党側に提示し、協議したが、話し合いは物別れに（　　　　）。
3. 周りに洒落た飲食店が増え、（　　　　）が傾いた昔ながらの食堂は、メニューはもちろん店舗の装飾も変えたことが（　　　　）を奏し、店は見事に持ち直した。
4. もういっぱしの社会人なのだから、（　　　　）をわきまえた行動をしろと説教をするも、息子は（　　　　）に介す様子もなく私の話を適当に聞き流していた。
5. 耐震偽装の罪に問われた社長は苦し紛れの（　　　　）を繰り返すのみで、被害者は「まったく割高な（　　　　）をさせられたものだ」と怒りを露わにした。
6. 祖父はお酒が入ると、その節くれだった（　　　　）をさすりながら、「この酒蔵を守るために、わしがしてきた涙ぐましい（　　　　）を聞け」というのが口癖だ。

第8課

Ⅰ.（　　）の中に入る言葉を選んで、文を完成してください。

1. 低学年の子どもたちがおしゃべりをしながら（　　　　）歩くものだから、目的地に着くのが半時間も遅れてしまった。

   酔っぱらった上司を家に送ったら、家に入るよう勧められ、応接間で待っていると蛮カラな上司に似合わない上品な奥様が（　　　　）とお茶を運んで来た。

   　　　　　　［そろそろ　　しずしず　　のろのろ］

2. 日頃から目をつけられているせいか、コップひとつ割っただけなのに、店長に小一時間も（　　　　）説教されて、終電に乗り遅れてしまった。

   帰宅途中、居酒屋に立ち寄り仕事の不満を（　　　　）言ってストレスを発散するサラリーマンが多いが、あまり格好の良いものではない。

   　　　　　　［くどくど　　ぐだぐだ　　がみがみ］

Ⅱ. A、Bどちらの状況が与えられた表現に適していますか。Cはどちらかを使って文を完成してください。

1. ［目が利く　／　目先が利く］

   A: A氏は、Z製薬会社が新薬の開発をしていると聞きつけるとすぐZ社の株を購入した。新薬が認可されるや否や、Z社の株は二倍に上がった。

   B: B氏は、美大を卒業後フランスに渡り、画商で二十年働いたという経歴の持ち主で、絵画の鑑定において彼女の右に出る者はない。

   C: C氏は（　　　　）投資家で、バブルがはじけた後の買い控えムードの中、将来有望な株を安値で買い、財をなした。

2. ［大鉈をふるう　／　メスを入れる］

   A: 東京地検は、大物政治家の関与を明らかにし、逮捕するために、通常は手を付けない政治献金ルートの詳細にまで踏み込んで調査を継続している。

   B: 新しい市長は、市の財政が破綻寸前であることから、事業仕分けをうまく使って、市民の意向だからという大義名分で、思い切って予算を削減した。

   C: 政府は、官僚天下りの構図の細部にまで（　　　　）、官民の癒着を防ぐと公約したが、いまだ実現できない。

第8課

3. [泡を食う ／ 呆気に取られる]

A: 行き先も確かめず発車間際の新幹線に飛び乗ったはいいが、車内アナウンスで上りと下りを間違ったと知って大慌てをした。

B: ついこの間、別れた恋人の話をしながら涙にくれていたB子が、今日新しい彼氏と腕を組んで歩いているのを見て驚いてしまった。

C: 課長の噂を面白おかしくしていたら、ついたての向こうで課長の咳払いがしたので、(　　　)それぞれの部署に戻った。

Ⅲ．次の(　)に適当な助詞を入れ、a〜cをd〜fと結んで文を完成してください。

例)

意	(を)体して	[a]		[d] 結論を蹴る。
	(に)染まぬ	[b]		[e] 結論を出す。
	(を)決して	[c]		[f] 結論を導く。

答　[a]—[f]　[b]—[d]　[c]—[e]

1.

無事の知らせを聞いて	[a]		[d] (　)騒いだ。
別れのメッセージを	[b]	胸	[e] (　)刻んで読んだ。
何か悪いことでもあったのではと	[c]		[f] (　)撫で下ろした。

答　[a]—[　]　[b]—[　]　[c]—[　]

2.

いつも庇ってくれる兄には	[a]		[d] (　)血が上った。
理不尽なことを言われ、	[b]	頭	[e] (　)上がらない。
新しい上司は仕事ができて、本当に	[c]		[f] (　)切れる。

答　[a]—[　]　[b]—[　]　[c]—[　]

第8課

Ⅳ. （　）に適当な言葉を選んで入れ、文章を完成してください。

　マスコミなどとはとんと縁のなかった静かな町が、去年は二度も世間の注目を集めた。この町に、どんな病気でも治療すると看板を出したクリニックが、オープンした。開院間もなく、診療を求める人が（　　　）ほどの盛況振り。評判を聞きつけてテレビ局が取材に訪れ、クリニックを紹介する番組が放映された。インタビューに答えていたのは、（　　　）嘘くさい白衣の中年男性で、「私が半生を費やして身に付けたのは、この分野では（　　　）の伝統医療技術」と、（　　　）の様子。

　数日後、行く手に（　　　）ように、このクリニックの前に人だかりができている。そっと近寄って見ると、そこにいたのは、（　　　）の野次馬の一団だった。警察が手入れをしている最中だという。足繁く行き来していた患者はサクラで、大先生も真っ赤な偽物。両脇を警察官に固められた偽医者が、（　　　）様子を見せるでもなく、姿を現すと、一斉にフラッシュがたかれ、テレビのカメラが回り始めた。

　二度目の、そして、最後の静かな町でのとんでもない茶番劇だった。

［折り紙つき　鈴なり　立ちはだかる　得意満面　引きも切らない　見るだに　悪びれる］

Ⅴ. （　）に言葉を補って、文を完成してください。

1. 「経営の秘訣」と銘を（　　　）セミナーに行ってはみたものの、内容はお粗末なもので、わざわざ時間を（　　　）まで出席するような代物ではなかった。
2. オークションに出した絵が、一世を（　　　）画家の作で、途方もない値がついたと聞き、少々のことでは物に（　　　）私も驚いてしまった。
3. 昔は買い物客でごったがえし、（　　　）に満ちていた駅前の商店街も、大規模スーパーの出店で、今や（　　　）に立たされている。
4. 「『（　　　）を飾る』のは言うは易しだけど」が口癖だった社長は、次期社長に（　　　）を託すと潔く一切の役職から身を引いた。
5. 「ざっくばらんな（　　　）だから」と一度は話してみたが、意に沿わない（　　　）を無理に勧めても先は見えているから、無理強いはやめておこうと思った。
6. 未払い年金問題が発覚するや否や、引っ切りなしの（　　　）が殺到し、職員は右往左往するばかりで、手の付けようがない（　　　）になってしまった。

第9課

Ⅰ．(　　)の中に入る言葉を選んで、文を完成してください。
1. スイミングスクールに通い始めたころは、(　　　　)と音を立てるだけで一向に前に進まなかったが、今では県大会で優勝するまでになった。
   いつの時代も水たまりで長靴を履いた子どもたちが(　　　　)とかわいらしい音を立てて遊んでいる傍らで、目を細めながら我が子を眺める母親の姿は変わらない。
   　　　　　　[ばしゃばしゃ　　ぴちゃぴちゃ　　びしゃびしゃ]
2. 朝方まで原稿書きに追われ、やっと寝ついたと思ったら、建て付けが悪いのか隣の家が(　　　　)と雨戸を開ける音で目が覚めてしまった。
   長距離バスで移動中、車内を出てサービスエリアに降り立ったが、あまりの寒さに奥歯が(　　　　)鳴って、ほうほうの体でバスに取って返した。
   　　　　　　[がたぴし　　がちがち　　がたがた]

Ⅱ．A、Bどちらの状況が与えられた表現に適していますか。Cはどちらかを使って文を完成してください。
1. [出る所へ出る　／　けりを付ける]
   A：三ヶ月間ずっと取り組んできたが、なかなか解決策が見つからないまま締め切りが迫っている。このあたりでどうするか決めなくてはならない。
   B：示談で済まそうと三ヶ月間ずっと話し合ってきたが、相手側は非を認めようとしない。このままでは解決しないので、裁判に持ち込もうと考えている。
   C：(　　　　)まではと思って、昼ご飯も食べずに机に向かっていたら、いつの間にやら窓の外には月が出ていた。
2. [上を下へ　／　押すな押すな]
   A：突然ダムが決壊して、下流の町では、避難勧告が出されるやら、消防車が出動するやらで、大騒ぎとなった。
   B：有名ブランド店のバーゲンセールとあって、朝早くからシャッターの前は長蛇の列で、警備員ばかりか警察官の姿まで見られる。
   C：今日、長寿記録を更新したおばあちゃんを取材に、我が家へテレビ局が来るというので、朝から(　　　　)の大騒ぎだ。

第9課

3. ［歯牙にもかけない ／ 洟もひっかけない］

A: 彼は社長の甥であるのをいいことに、私達平社員どころか課長も部長もあたかも存在しないような振る舞いを続けている。

B: 彼女は自分が正しいと確信しているようで、他人がどんなに事を分けて話そうとしても、聞くに値しないと無視し続けている。

C: いろいろいい話も持ち込まれるのだが、娘には心に決めた男性像があるようで、それに当てはまらない相手は（　　　　）。

Ⅲ．次の（　）に適当な助詞を入れ、a～cをd～fと結んで文を完成してください。

例）

意	（を）体して [a]	[d] 結論を蹴る。
	（に）染まぬ [b]	[e] 結論を出す。
	（を）決して [c]	[f] 結論を導く。

答　[a]—[f]　[b]—[d]　[c]—[e]

1.

息	社長の [a]	[d] （　）つく暇もなかった。
	暗闇に身を潜め [b]	[e] （　）かかった人物ばかりで会議が行われた。
	会議続きで [c]	[f] （　）殺して、見つからないようにした。

答　[a]—[　]　[b]—[　]　[c]—[　]

2.

口	（　）切ったのは、[a]	[d] ついつい酒を過ごしてしまったからだ。
	（　）滑ったのは [b]	[e] 町内会会長を務める初老の男性だった。
	（　）上ったのは [c]	[f] 例の事件のことばかりだった。

答　[a]—[　]　[b]—[　]　[c]—[　]

第9課

IV. ( )に適当な言葉を選んで入れ、文章を完成してください。

創部六十年の名門S校に、この春、小学生時代から(　　　)の速球を投げるという新人が鳴り物入りで入部してきた。

ある日、その新人が、監督室に呼ばれ、しばらくすると(　　　)として出てきた。先輩からのそれとない問い掛けに、今年の一軍メンバーに選ばれたと言う。心の内では(　　　)いたのに違いないのだが、「先輩たちのお荷物にならないように、我が校の伝統を守って...」と優等生の発言に、何を(　　　)なと思った先輩は多かった。が、監督は神様。誰もそれを口にすることはできなかった。

地方大会の決勝戦でのこと。絶体絶命のピンチで、新人に(　　　)きた。ところが、期待に背いて一つのアウトも取れない。内外野を守る選手たちも、決勝戦に集まった多くの観衆も、これまでかと大方は優勝をあきらめた。(　　　)で指名された三年生は、これまで一度たりとも公式試合に(　　　)のなかった下積み選手である。

ところが、この三年生が、最後の一点を守り切ってS校が優勝したのである。野球はまさにドラマである。

［意気揚揚　お鉢が回る　苦肉の策　桁外れ　猪口才　出る幕　ほくそ笑む］

V. ( )に言葉を補って、文を完成してください。

1. 十八歳人口の減少で、各大学とも改革に拍車が(　　　)なか、我が大学も後れを(　　　)まいと、急ピッチで新学部設立の準備を進めている。
2. ダム建設受注を巡り、A建設会社に不当な便宜を(　　　)として、長い間建設畑で地歩を(　　　)議員が収賄容疑で逮捕された。
3. A議員のスピーチは、現首相の(　　　)を奪うような素晴らしい出来で、(　　　)に座るという並々ならぬ意気込みが感じられた。
4. 囲碁が三度の飯より好きだという祖父は、冬になると碁敵を家に呼び、祖母に用意させた(　　　)をつつきながら、囲碁談義に(　　　)を咲かせる。
5. 一方ならぬ(　　　)になった部長に一言の相談もなく、「この度、拠ない(　　　)で退職することにしました」とは、I君もとんだ食わせ者だ。
6. 脱獄歴三回という札付きの(　　　)が護送される日、裁判所までの経路は、物々しい(　　　)だった。

第10課

I．（　　）の中に入る言葉を選んで、文を完成してください。

1. 長靴に水が入って歩くたびに（　　　　）音がする。それが楽しいのか、いくら言っても子どもは長靴を脱ごうとしない。
   活火山であることを何よりも物語っていたのは、山頂近くにある池の表面が（　　　　）と音を立てながら泡立っていたことだ。
   ［がぽがぽ　　がばがば　　ごぼごぼ］

2. 退職後、家にいるようになると、近くの公園から聞こえるブランコの（　　　　）という音が耳に障るようになった。
   武家屋敷の床が（　　　　）鳴るように造られているのは、敵が侵入したときの警鐘となるべく、工夫された技だ。
   ［ぎこぎこ　　ぎしぎし　　きいきい］

II．A、Bどちらの状況が与えられた表現に適していますか。Cはどちらかを使って文を完成した。

1. ［世故に長ける　／　酸いも甘いも噛み分ける］
   A：Aさんと話していて面白いのは、あの人が結婚、離婚、リストラ、起業と人生のいろいろな局面を豊富に経験しているからだ。
   B：Bさんと話をしていてどうも馬が合わないのは、あの人の年齢では考えられないほど知恵があって、それで世渡りを考えるところだ。
   C：Cさんは（　　　　）苦労人で、私なんかには思いつかないようなアドバイスをしてくれるので、何かあれば相談に行けばいい。

2. ［棒に振る　／　ふいにする］
   A：八方手を尽くしてチケットを手に入れたのに、コンサート当日に緊急会議が招集され、泣く泣くあきらめざるを得なかった。
   B：オリンピック代表選手のBは、金メダルの期待がかけられていたのに、渡航直前に飲酒運転で逮捕され、四年間の必死の努力を無駄にした。
   C：株価はもっと上がるだろうと待っていたら、バブルがはじけて、これまで少しずつ積み上げてきた儲けを一夜にして（　　　　）。

第10課

3. ［図に乗る ／ 付け上がる］

A: A社のやり口は、こちらが下手に出て先方に合わせようとすればするほど、次から次に要求を突き付けてくるので、気を付けなければならない。

B: 初めて買った馬券が当たったのはいわゆるビギナーズラックだとの説得に耳を貸さず、他にも賭け事に手を出したB氏は全財産を無くした。

C: 誰の目にも素人の域を出ないことは明白なのに、周りがおだてるものだからCさんは（　　　　）、プロの歌手になると言い出した。

Ⅲ．次の（　）に適当な助詞を入れ、a～cをd～fと結んで文を完成してください。

例）

意	（を）体して	[a]	[d] 結論を蹴る。
	（に）染まぬ	[b]	[e] 結論を出す。
	（を）決して	[c]	[f] 結論を導く。

答　[a]―[f]　[b]―[d]　[c]―[e]

1.

子どもが自分でやろうとしているのに、つい	[a]	手	[d] （　）負えない。
うちの子はいたずらで、本当に	[b]		[e] （　）出してしまう。
飲酒に喫煙、うちの子は全くもって	[c]		[f] （　）焼ける。

答　[a]―[　]　[b]―[　]　[c]―[　]

2.

気	（　）回して、	[a]	[d] 今日ばかりは、会社に行きたくない。
	（　）咎めて、	[b]	[e] 余計な事をし、反対に叱られてしまった。
	（　）重くて、	[c]	[f] 本当のことを彼に言い出せない。

答　[a]―[　]　[b]―[　]　[c]―[　]

第10課

IV. （　）に適当な言葉を入れ、文章を完成してください。

　放置された自転車を片付けようとした友人が、（　　　）自転車泥棒扱いされたという。「おい、こらっ」と、突然声がかかり、若者に肩を掴まれる。仲間と思われる一団が現れ、騒ぎ立て始めた。集まった野次馬が「警察だ」「警察へ突き出せ」と（　　　）。どう釈明したものかと（　　　）友人も、最後には、「よし、警察へでも、どこへでも行こう」と（　　　）な気分になって声を荒げてしまった。

　交番に行ったはいいが、（　　　）野次馬が同行していて、話に尾鰭をつける。対応した警察官も当惑気味で、身分やら自転車の登録番号の照会やらとしきりに関係先に電話をかけてはくれるのだが、（　　　）の様子で、結局、嫌疑が晴れて家に帰ったのは、空が白み始めた頃だったという。

　「井戸に毒が投げ込まれるという根も葉もない（　　　）に踊らされ、多くの尊い命を犠牲にしたこの国には、依然としてそうした国民性が残っているのか」と、憤りを通り越した悲しい表情で、友人は事の顛末を語ってくれた。

［息巻く　思いあぐねる　事もあろうに　捨て鉢　タライ回し　囃し立てる　流言蜚語］

V. （　）に言葉を補って、文を完成してください。

1. 国会審議において首相は野党から痛い所を（　　　）、何も言わぬが得策とばかりに「私は存じあげません」とだんまりを（　　　）。
2. 幾たびとなく修羅場を（　　　）政治家Aは、今度の献金事件でも秘書に罪を（　　　）、自分はのうのうとしている。
3. （　　　）ばかり踏んでいるA君がいとも簡単にパソコンの問題を処理してみせたので、図らずも普段の（　　　）をそそぐことになった。
4. 短気だった父の（　　　）を引いたのか、息子の私も回りくどい説明をするような人とは（　　　）が合わない。
5. 係争中の夫は、職場でさぞかし肩身の狭い（　　　）をしていることだろう。律儀な（　　　）だけに、いつか心が折れてしまわないかと心配だ。
6. 「天井知らずの（　　　）間違いなし」と勧められた株が大暴落したのに、証券マンはふてぶてしい（　　　）で、「これが株です」と言ってのけた。

第11課

I. (　　)の中に入る言葉を選んで、文を完成してください。
 1. どこから聞こえてくるのか、昨夜は(　　　　)耳を刺すような鋭い音が聞こえ続けて、いつまでも眠れなかった。
   真夜中、何かを締め上げるような(　　　　)という大きな音が聞こえて、目が覚めた。何事かと思ったらなんと夫の歯ぎしりだった。
   　　　　　［ぎりぎり　　ぎゅうぎゅう　　きんきん］
 2. 沸騰させないよう弱火で十分(　　　　)煮てください。蓋を少しずらして吹きこぼれないようにしましょう。それから更に十分煮詰めてください
   久しぶりの同窓会。皆話に夢中で寄せ鍋が(　　　　)煮えていても誰一人火を弱めようとしなかった。
   　　　　　［ことこと　　ぐつぐつ　　くつくつ］

II. A、Bどちらの状況が与えられた表現に適していますか。Cはどちらかを使って文を完成してください。
 1. ［大見得を切る　／　大風呂敷を広げる］
   A: 記者会見の席で、今年の目標は登板試合すべて完投とそのうち半分は完封が目標と言ったA選手は、まさか二軍のベンチにいるなんて考えもしなかっただろう。
   B: 支店を二、三整理しなければいけない現状なのに、酔った社長は、来年は店舗数を二倍にし、十パーセントベースアップすると約束した。
   C: 代議士Bは、選挙が近くなると地元に戻り、有権者の集まりで、企業誘致について毎回(　　　　)が、これまで一社たりとも実現したためしがない。
 2. ［暇に飽かす　／　暇を盗む］
   A: 学生時代は貧しくて、家庭教師、コンビニと、アルバイトで多忙だったが、それでも時間があれば、トランペットの練習をした。
   B: いつの頃からかお隣から三味線の音が聞こえ始めてきた。おばあさんが時間がたっぷりあるので始めたということで、一日五時間も練習をしているそうだ。
   C: 私の先生の口癖は、合格したければ、まだまだ時間の都合は付くはずだから、工夫して少しでも(　　　　)勉強するようにということだ。

第11課

3. ［波紋を投じる　／　影を落とす］
   A: テレビ番組で、経済評論家A氏が何気なく口にした一言が、本人も予想しなかったほど流通業界に大きな影響を与えた。
   B: 官民挙げての観光客倍増作戦にも関わらず、十年前のテロ事件が、依然としてB町の観光業の復興を阻んでいる。
   C: 政府の為替介入についての大臣の私的な発言が、オフレコという約束にもかかわらず公表され、翌日の株式市場に（　　　　）。

Ⅲ．次の（　　）に適当な助詞を入れ、a〜cをd〜fと結んで文を完成してください。

例）

意	（を）体して	[a]	[d] 結論を蹴る。
	（に）染まぬ	[b]	[e] 結論を出す。
	（を）決して	[c]	[f] 結論を導く。

答　[a]―[f]　[b]―[d]　[c]―[e]

1.

このたびの不始末で幹部すべての	[a]	首	[d] (　　) 突っ込んでいる。
母はいつも他人の揉め事に	[b]		[e] (　　) 縄をつけてでも連れて行こうとしている。
学校へ行きたがらない息子に対して	[c]		[f] (　　) 飛んだ。

答　[a]―[　]　[b]―[　]　[c]―[　]

2.

彼女が最後に言った一言がどうしても	[a]	胸	[d] (　　) 高鳴った。
部下の斬新な提案に	[b]		[e] (　　) 突かれた。
大好きな彼の足音が聞こえてきて、	[c]		[f] (　　) 引っかかる。

答　[a]―[　]　[b]―[　]　[c]―[　]

第11課

Ⅳ．（　）に適当な言葉を選んで入れ、文章を完成してください。

　何度も（　　　）をされ、フリーランスの記者として独立するという私の夢など、もう（　　　）だなとまで思わされた。それでも（　　　）の末、なんとか書き上げた原稿を編集長に手渡すと、「後で目を通しておくよ」といかにも素っ気ない。

　数日後、呼び出され最後の審判を受けるような心持で編集長の所に出向くと、案に相違して「良くなった。来月号に掲載する」と言ってくれた。テーマとして取り上げた業界の「知られざる闇を（　　　）」と、見出しは（　　　）業界に立ち向かっているように装いながら、これまでの内容は、（　　　）風評を追うばかりで、核心を衝くといった印象に欠けていたという評価であった。何度持って行っても却下され、何がどう悪いのかどうにも（　　　）気持ちでいたのが、編集長の言葉ではっきりした。

　「このスタンスで記事が書けるようになれば...」と、編集長がかけてくれた言葉で、もう一度夢に向かって頑張ってみようという気持ちが湧いてきたから現金なものだ。

　　［暴く　徒に　苦心惨憺　解せない　正面切って　駄目出し　風前の灯］

Ⅴ．（　）に言葉を補って、文を完成してください。
1. 相手側に手の内を（　　　）はなるものかと練習までも非公開とし、マスコミを球場から追い出したことが功を奏したのか、Aチームは見事に勝利を（　　　）。
2. それまで相槌を（　　　）ながら、おとなしく彼の話を聞いていた私だったが、あまりに自分勝手な彼の言い草に怒りが（　　　）。
3. せっかくの楽しい酒の席も、したり顔で（　　　）を垂れる同僚のA氏に、すっかり（　　　）が白けてしまい、早々にお開きとなった。
4. 祖母のうちにはもう何十年も使っているという（　　　）が入った薪ストーブがあり、冬になると今でもそれで（　　　）を取っている。
5. 遭難三日目。一縷の（　　　）をかけて、あらん限りの（　　　）を振り絞ったが、周囲は静寂に覆われたままだった。
6. 冷静に考えれば雲を掴むような（　　　）だと分かるものを、営業マンの迫真の（　　　）に騙されて、つい先物取引に手を出して大損を食らった。

第12課

I. (　)の中に入る言葉を選んで、文を完成してください。

1. 早朝、廃品回収車が(　　　)音を立てて町中を走るという日常も、退職したばかりの頃は物珍しく感じられたが、六ヶ月たった今では耳障りなだけだ。
   一昔前は、テレビのチャンネルを変えるときは(　　　)とつまみを回したものだが、今はその場に座ったままボタン一つで変えられるようになった
   　　　　　　　[ごとごと　　がちゃがちゃ　　かたかた]

2. うっそうとした森の中を歩いていたら、(　　　)と勢いよく流れる水音が聞こえて来たので、音のするほうに行ってみると目の前に大きな滝が現れた。
   どんなに辛い山歩きでも、耳に(　　　)と流れる小川の音が心地よく響くと、生きている喜びを感じることができる。
   　　　　　　　[ざあざあ　　さらさら　　さやさや]

II. A、Bどちらの状況が与えられた表現に適していますか。Cはどちらかを使って文を完成してください。

1. [お茶の子さいさい　／　鼻歌交じり]
   A: 客がいらいらして待っていることなど気がつかぬように、店員は何度も何度も伝票を見直しながら、のんびりレジを打っている。
   B: スーパーの求人広告を見て、レジの仕事なら昔取った杵柄で、明日からでもすぐに簡単にできるとすぐ応募した。
   C: C氏は半年前にそんな仕事は(　　　)と安請け合いしたが、明日が締め切りだというのにうんともすんとも言ってこない。

2. [面の皮が厚い　／　虫がいい]
   A: 下級部員の世話を頼んでもいい顔をしないAが、試験直前に部室にやって来て、誰かれなしにノートを貸してほしいと言い出したのには、皆驚いた。
   B: 母が亡くなるまで何年間も音沙汰なしだった娘が、葬儀の席に現れて、遺産相続の話を持ち出したので、その場にいた親族一同が皆驚いた。
   C: Cとハウスシェアをしている二人は、多忙を理由に掃除をCに押し付けた上、夕食も自分たちの分も作ってほしいと頼んだ。まったく(　　　)連中だ。

3. [覚えがめでたい ／ 一目置く]

A: A氏が異例のスピードで課長に昇進すると聞いたとき、あまり驚く者はいなかった。常日頃から、部長に気に入られ、頼りにされている場面を目にしていたからだ。

B: 交渉力において彼に勝る者はいないと、同僚達はB氏を高く評価し、事あるごとにアドバイスしてもらおうと相談を持ちかけている。

C: スポーツはからっきしだが、数学がずば抜けてできるCは、クラスメートに（　　　）。

Ⅲ．次の（　）に適当な助詞を入れ、a～cをd～fと結んで文を完成してください。

例）

意	（を）体して	[a]		[d] 結論を蹴る。
	（に）染まぬ	[b]		[e] 結論を出す。
	（を）決して	[c]		[f] 結論を導く。

答　[a]—[f]　[b]—[d]　[c]—[e]

1.

台所から漂ういい香りが	[a]	鼻	[d]（　）くすぐる。
彼は私の作品を見て、馬鹿にしたように	[b]		[e]（　）利く。
小さなヒントから犯人を割り出すとは本当に	[c]		[f]（　）笑った。

答　[a]—[　]　[b]—[　]　[c]—[　]

2.

血	（　）滲むような	[a]	[d] 恐怖が、私を襲った。
	（　）気が引くような	[b]	[e] 思いで、悪い知らせを聞いた。
	（　）凍るような	[c]	[f] 努力の結果、今の成功があるのだ。

答　[a]—[　]　[b]—[　]　[c]—[　]

第12課

IV. （　）に適当な言葉を選んで入れ、文章を完成してください。

　次の公演に向けての企画会議で、入ったばかりの新人女性が最先端のCGの手法を駆使して、客席も舞台の一部として活用する。更には、観客をもエキストラとして参加させるという（　　　　）のアイディアを持ち出した。先輩たちは、「（　　　　）な、この業界で（　　　　）の口を利くには、まだ十年早いよ」とばかりに、時には（　　　　）な調子で声を荒げ「そんなこと、できるわけがない」と（　　　　）反応を続けた。

　彼女は、そんな空気に（　　　　）こともなく、意見を求められるとその企画がいかに劇団公演の基本方針にもそぐうものであるかを語り、先輩の芸術論も果敢に（　　　　）、自説を曲げない。はじめのうちは、新人の態度を苦々しく思っていた会議のメンバーだったが、最後には、彼女の情熱溢れる態度に説得される結果となった。

　「負うた子に教えられる」形になった新しい企画は、「浅瀬を渡る」どころか大成功で、弱小劇団がしばし世間の耳目を引く結果になった。

　　　　［居丈高　一丁前　臆する　型破り　切り返す　笑止千万　すげない］

V. （　）に言葉を補って、文を完成してください。

1. 俳優として大舞台に（　　　　）ことを夢見る息子は、その思いを（　　　　）ため、上京して十年経った今も、アルバイトを続けながら頑張っている。
2. 反主流派として党内で苦汁を（　　　　）A氏は、主流派議員の相次ぐスキャンダルによる議員辞職に思わず笑みを（　　　　）。
3. 自らの（　　　　）を痛めることなく、企業からの献金で周りを取り込み、影の首相とまで言われたAも違法献金の発覚によって、すっかり（　　　　）を潜めてしまった。
4. 同僚のAは、「今月は契約を十件も取ったんですよ」と口から（　　　　）を言い、みんなを驚かせたが、その嘘がばれ、課長から（　　　　）を食らった。
5. 動かぬ（　　　　）を突き付けられた議員Kは、これまでの嵩にかかった（　　　　）とは打って変わって、平身低頭の態で脱税の事実を認めた。
6. 「そんな身も蓋もない（　　　　）をしなくたっていいじゃないですか」と、経緯を調べもせず、ひたすら「杜撰な（　　　　）だ」と非難する上司に食って掛かった。

第13課

Ⅰ．（　）の中に入る言葉を選んで、文を完成してください。
1. どこから聞きつけたのか、アイドル逮捕の報を知り、警察前に野次馬やファンが押しかけ、口々に大声を上げ（　　　）騒いでいる。
映画の試写会で、佳境に入ったと思ったとたんの突然の停電で会場は（　　　）し始めたが、いくら待っても何の説明もなく大騒ぎになった。
　　　　　　　［がやがや　　ざわざわ　　わいわい］
2. バレエの舞台で主役が負傷したということで、急遽代役を務めることになったAさんは、舞台に上がるまでは（　　　）になっていたが、最後まで見事に踊りきった。
見よう見まねでスモークチーズ作りに挑戦したが、どこをどう間違えたのか石のように（　　　）になってしまって、食べようにも歯が立たなかった。
　　　　　　　［かちかち　　きちきち　　こちこち］

Ⅱ．A、Bどちらの状況が与えられた表現に適していますか。Cはどちらかを使って文を完成してください。
1. ［機先を制す　／　先鞭を着ける］
　A：優勝インタビューの中でA監督が明かしたのは、どこと対戦する時でも、敵より先に攻撃をしかけて先取点を取る作戦に徹したということだった。
　B：とてもじゃないが採算が取れないと周りから諫められながらも、社長の一存でどの社にも先駆けて地熱発電技術の開発に着手したB社が、今、大きく注目されている。
　C：その日の朝刊は、クローン技術の開発に（　　　）科学者の死を、その成果に対しての賛否両論を併記して、報じた。
2. ［隠れ蓑にする　／　盾に取る］
　A：山小屋に立て籠った犯人は、登山客を人質に、多額の身代金と海外逃亡用の小型ジェット機を要求して、警察側と交渉を続けた。
　B：慈善団体が、被災者支援のための募金活動を名目に、多額の寄付金を流用していたというニュースに、被災地の人々は、気持ちを逆撫でされる思いだった。
　C：野党の議員は、週刊誌で報じられた首相のスキャンダルを（　　　）、その真偽を明らかにしない限りは、国会審議に応じない姿勢を見せている。

第13課

3．［アンテナを張る　／　網を張る］
A：新任幹事長の動向が今の政局を左右すると踏んだA記者は、幹事長取り巻きの若手国会議員の面々を絶えず取材し続けている。
B：彼に会おう思ったら、二、三日続けて駅前のショットバー『B』へ行って待っていれば、必ず姿を現すはずだ。
C：警察は、どんなことがあっても体の不自由な妹には顔を見せに実家に戻るだろうという近所の人の話を聞き込んで（　　　　）が、犯人に気づかれてしまった。

Ⅲ．次の（　）に適当な助詞を入れ、a～cをd～fと結んで文を完成してください。

例）

意	（を）体して [a]	[d] 結論を蹴る。
	（に）染まぬ [b]	[e] 結論を出す。
	（を）決して [c]	[f] 結論を導く。

答　[a]—[f]　[b]—[d]　[c]—[e]

1.

喉	（　）鳴らして [a]	[d] ほど欲しかったが、手に負えるような値段ではなかった。
	（　）潤すために [b]	[e] ボトルの水を一気に飲んでしまった。
	（　）手が出る [c]	[f] レモンを齧る。

答　[a]—[　]　[b]—[　]　[c]—[　]

2.

明日のデートのことを思うと、[a]	心	[d]（　）鬼にした。
大切な人に裏切られてから、誰にも [b]		[e]（　）踊る。
かわいそうだが、甘えさせるとためにならないので、[c]		[f]（　）許さない。

答　[a]—[　]　[b]—[　]　[c]—[　]

第13課

Ⅳ.（　）に適当な言葉を選んで入れ、文章を完成してください。

　子どもたちがそれぞれに家庭を持ち、独立したのを機に、運転免許を取ることにした。時間もお金も多くかけ（　　　　）の末だったが、免許証を手にしたときは、なんとも言えない達成感があった。息子に付き合わせて車を見て回り、この程度の金額ならなんとか（　　　　）できると（　　　　）をつけて、小型を一台手に入れた。
　免許取りたての頃は、息子や娘がうるさいほどに心配するので、（　　　　）行先は近場に限られた。それでも、体力と相談した上でのことなので、高が（　　　　）はいたが、少しずつ行動範囲を広げていった。
　車で動き始めると、これまでは点としての存在だった場所が線でつながり始めた。子どもたちを連れて行った動物園が、お友達とよく行くレストランとどういう位置関係にあったのかということや、亡くなった主人の会社が（　　　　）近い距離であることを発見して驚く。そんな経験を何度もした。
　車を手に入れてからの私は、心の（　　　　）まま、気の向くままに、点と点を結んで発見の喜びに興じている。

　　　　［悪戦苦闘　いきおい　思いのほか　おもむく　工面　算段　知れる］

Ⅴ.（　）に言葉を補って、文を完成してください。

1. 「世界の貧しい子どもたちに愛の手を（　　　　）よう」と寄付を求められても、得体が（　　　　）自称ボランティア団体などに寄付などできるはずもなかった。
2. 工場で火災が起き、一刻の猶予も（　　　　）状況だという知らせを受け、今日は非番の工場長が血相を（　　　　）、事務所に駆け込んできた。
3. この辺りは日本家屋が（　　　　）を連ねる情緒ある通りで、昼間でも（　　　　）を打ったように静かなところだ。
4. Ｗ国は、これまで（　　　　）を切って原発を推進していたが、隣国での原発事故を受け、原発を廃止し、クリーンエネルギー推進へと大きく（　　　　）を切り始めた。
5. 足の踏み場もない（　　　　）に自分でもうんざりし、後ろ髪を引かれる（　　　　）で漫画本のコレクションの一部を資源ごみに出した。
6. いつもは打てば響くような（　　　　）をする部下のＨ君だが、今日は何やら覇気がない。聞くと、昨夜パチンコに興じ、惨憺たる（　　　　）だったらしい。

第14課

I．(　　)の中に入る言葉を選んで、文を完成してください。
1. 高齢者に動物性タンパクをきちんと摂取させるようにと聞き、祖父に肉を供してみたが口を(　　　　)と動かしているだけで、一向に飲み込む気配がない。
   日本で初めてパンを食べた人は、外国人はよくもこんな(　　　　)した物を食べられるものだと思ったそうだが、今や米に並ぶ主食の地位を築きつつある。
   　　　　　　［もぐもぐ　　もそもそ　　もくもく］
2. 相性が悪いせいか、先輩の言うことが皮肉っぽく聞こえ、一言一言が(　　　　)胸に刺さるのは思い過ごしだろうか。
   部下の失敗を何度も(　　　　)責める上司は、およそ部下を育てるのに長けているとは言いがたく、人望も得られないだろう。
   　　　　　　［ちくちく　　ねちねち　　くだくだ］

II．A、Bどちらの状況が与えられた表現に適していますか。Cはどちらかを使って文を完成してください。
1. ［オブラートに包む　／　奥歯に物が挟まる］
   A：A氏は、発起人の一人として新会社の設立に名を連ねる意向を示していたにも関わらず、いまだにもう少し調整することがあると言って意思をはっきりさせない。
   B：B氏は、勧誘された会へのオリエンテーションの席で、辞退の意思を固めたが、相手を傷つけまいと言葉を選んで断った。
   C：課長は、責任を追及されることを恐れて、(　　　　)ような言い方をする社員に対し、同じ過ちを繰り返さなければいいのだから、もっと率直に言うように指導した。
2. ［決まりが悪い　／　穴があったら入りたい］
   A：A君は、時間がなくてほとんど親に手伝ってもらって提出した宿題を、先生に褒められ、何と言っていいのか分からず、ただ恥ずかしそうにしていた。
   B：自分の奢りだと勢いよく言ってみんなを誘ったのに、勘定をする時になって財布を忘れてきたのに気づき、自分以外の人が割り勘しているのを見て、恥ずかしかった。
   C：新入社員のC子は職場の新年会にいつものラフな格好で出かけたが、同僚たちが皆華やかな着物姿だったので、(　　　　)なった。

第14課

3. ［無駄飯を食う　／　禄を盗む］

A：息子は、ろくろく就職活動もせず、卒業はしたものの、それからも何をするでもなく、ひたすらうちでごろごろしているばかりである。

B：課長は、目の前の未決済書類用の箱をおもむろに手許に引き寄せると、精査するでもなく機械的に判を押して、決済済みの箱に入れる。それだけで高給を取っている。

C：その若手俳優は売れるようになるまで、自分は端役を務めて金を稼ぐようないやしい真似はしないと言って、配偶者に頼って（　　　　）。

Ⅲ．次の（　）に適当な助詞を入れ、a～cをd～fと結んで文を完成してください。

例）

意	（を）体して	[a]	[d]	結論を蹴る。
	（に）染まぬ	[b]	[e]	結論を出す。
	（を）決して	[c]	[f]	結論を導く。

答　[a]—[f]　[b]—[d]　[c]—[e]

1.

社長は、Ａ氏を後継者にしようと昔から [a]	目	[d]（　）当てられない。
あまりの惨状に [b]		[e]（　）かけていた。
父は、娘の連れてきた相手が自分の部下だったので [c]		[f]（　）剥いた。

答　[a]—[　]　[b]—[　]　[c]—[　]

2.

歯	（　）立たない [a]	[d] 耐えてきた結果、こうして報われた。
	（　）食いしばって [b]	[e] セリフで、彼女を振り向かせた。
	（　）浮くような [c]	[f] 相手だと戦う前からあきらめるのは良くない。

答　[a]—[　]　[b]—[　]　[c]—[　]

第14課

Ⅳ. （　）に適当な言葉を選んで入れ、文章を完成してください。

　部長代理を拝命してからは、（　　　）働かざるを得ない毎日が続いて、少々疲れ気味のところへ出張命令が出た。「勘弁してくれよ」という気分だったが、出張先を聞いて少し気持ちが変わった。日本海側の町にある支店へ行けと言うのである。
　この小京都と呼ばれる町へは（　　　）行ってみたいと思っていた。写真で見た昔ながらの武家屋敷の佇まいにも心引かれていたし、ちょっと足を伸ばすと、戦災を免れ、建築時の姿をそのままに、小振りの城が残されている。
　この際、出張に（　　　）、そこを訪ねてみよう。（　　　）で働いているのだから、そのくらいは（　　　）願っても罰は当たるまい。ただ、支店への挨拶回りが目的で、一緒に連れて行けと言われた新入社員が（　　　）になるかなと懸念はあったが、出張の途中で（　　　）、なんとかなるだろうと思い、笑顔で出張を引き受けることにした。

［足手纏い　お目こぼし　かこつける　かねがね　しゃにむに　昼夜兼行　手なずける］

Ⅴ. （　）に言葉を補って、文を完成してください。

1. A氏は、飲食業界はすでに飽和状態にあり、他店との差別化を（　　　）なければ、新規の店が生き残るのは難しいとの持論を（　　　）。
2. 部下に新規プロジェクトを任せ、辛抱強くその成り行きを（　　　）上司も半年経っても成果が（　　　）と、さすがにしびれを切らし、口を出し始めた。
3. 普段は（　　　）を極め、自分のしたいことができない父は、久々の休暇を取り、休暇先の温泉で（　　　）を養い、来週からの仕事に備えた。
4. 「毎日忙しいんだから、今日は家のことは忘れて、どこか遊びに出かけて、（　　　）を伸ばして来いよ」と、たまには優しい（　　　）をかけてほしいものだ。
5. 人並み外れた（　　　）をしてきた娘だが、受験を終えて届けられたメールには「芳しい（　　　）じゃなかった」と寂しげに記されていた。
6. 破格の（　　　）に誘われて予約を入れた山奥の宿だったが、贅を尽くした（　　　）に心身ともに癒された。

第15課

I．(　)の中に入る言葉を選んで、文を完成してください。
1. 娘が救急車で運ばれたと聞いたときの夫の(　　　)する姿は、普段の冷静沈着さからは想像できない一面だった。
   被害状況説明の記者会見で、記者の突っ込んだ質問に会社側は(　　　)するばかりで、端無くも準備不足が露呈した。
   　　　　　　[おろおろ　　おどおど　　おたおた]
2. 失敗したテストのことでいつまでも(　　　)している人より、気持ちを切り替え、間違ったところを再度やり直している人のほうが見込みがある。
   転属先の部署にどうしても馴染めず、悩んだ末先輩に相談したところ、(　　　)考えていないで、一度課長に話してみたらどうかと助言された。
   　　　　　　[くよくよ　　うじうじ　　いじいじ]

II．A、Bどちらの状況が与えられた表現に適していますか。Cはどちらかを使って文を完成してください。
1. [泣きを見る　／　辛酸を嘗める]
   A：A氏は幼少期には両親との死別、青春時代には失恋、熟年期には離婚と数多くの苦い経験をしているが、その分人に対してとても優しい対応をする人だ。
   B：B氏は「勉強しないで遊んでばかりいると、いざという時に、ひどい目に遭うぞ」と、自分と同じ思いをさせまいと子どもたちに説教している。
   C：決してうまいというわけではないが、彼女がマイクを手に歌い出すと、聞いている者に歌の心が伝わる。(　　　)彼女の人生経験が、滲みだすのだろうか。
2. [臭いものには蓋をする　／　闇に葬る]
   A：A校は、マスコミが嗅ぎまわっているのを知って、全くの別件で渦中の教頭を辞任させ、何とか不祥事が露見するのを防ごうとしている。
   B：B社の談合疑惑は、本人も関わりを取り沙汰されていた時の大臣の一人がマスコミに手を回し、一切国民の目に触れることなく、極秘裏に処理された。
   C：行政の保有する情報が公開されるようになってから、時の政権によって(　　　)歴史的事実が、次々と掘り起こされている。

第15課

3．［鳩が豆鉄砲を食ったよう ／ 毒気を抜かれる］

A：嫌みの一つや二つでは済まないだろうと、覚悟を決めて呼び出しに応じたのに、課長があっさり許してくれたので気が抜けた。

B：B氏は、試しに出展した作品が大賞に選ばれたと聞いても、しばらくの間はきょとんとした様子で、駆け付けた記者たちの質問に答えようともしなかった。

C：天下分け目の論争になるだろうと予想していたのに、一時間もしないうちに一方が非を認め、相手方は（　　　　）思いだった。

Ⅲ．次の（　）に適当な助詞を入れ、a～cをd～fと結んで文を完成してください。

例）

意	（を）体して	[a]		[d] 結論を蹴る。
	（に）染まぬ	[b]		[e] 結論を出す。
	（を）決して	[c]		[f] 結論を導く。

答　[a]—[f]　[b]—[d]　[c]—[e]

1.

子どもの無邪気な仕草に、思わず	[a]	頬	[d] （　）削げてしまった。
人混みで思わぬ告白をされ、	[b]		[e] （　）緩んだ。
彼は過労で痩せて	[c]		[f] （　）染めた。

答　[a]—[　]　[b]—[　]　[c]—[　]

2.

帰郷の日が楽しみで、	[a]	指	[d] （　）触れさせない。
可愛い娘だから、誰にも	[b]		[e] （　）くわえて見ていた。
皆が楽しそうにしているのを、ただ	[c]		[f] （　）折って待っていた。

答　[a]—[　]　[b]—[　]　[c]—[　]

IV. （　）に適当な言葉を選んで入れ、文章を完成してください。

　　近隣の小学生に田植えから刈り入れまでの体験をさせてはもらえないか。社会科の授業の一環として、時には先生役で、これまでの経験を少しずつ話してやってはもらえまいか。小学校との間は、市側が（　　　　）ので面倒はかけない。教育委員会から持ち込まれた話を、私は（　　　　）で引き受けることにした。
　　老夫婦二人では、愛着は尽きぬ土地だが、手入れもできず、手放すのもいたしかたない。いつまでも（　　　　）な気持ちではいられないと考えていた矢先のことだった。子どもたちが手を貸してくれ、食糧生産の大変さ、重要性を学ぶために使ってくれる。その上、市からは補助金まで出してくれるという。先生役にしたところで、農業の経験を話すだけなら、その題材には（　　　　）。この降って湧いたような話は、私にとっては（　　　　）であったのだ。
　　子ども相手ということでいくぶん（　　　　）だった家内も、子どもたちから元気をもらおうと（　　　　）みると、頷いてくれ「農業教室」が始まることになった。
［及び腰　事欠かない　取り持つ　願ったり叶ったり　二つ返事　水を向ける　優柔不断］

V. （　）に言葉を補って、文を完成してください。
1. 落雷によって大規模な停電が発生したが、豪雨のため復旧作業は困難を（　　　　）、完全に復旧するまでにはかなりの時間を（　　　　）とのことだった。
2. 週末の酔っ払いで溢れた駅前の雑踏を（　　　　）と、それまでの騒がしさがすっかり消え、静寂に（　　　　）高級な住宅街に出た。
3. これまでにない（　　　　）を駆使した作品で見事、新人賞を獲得したＡ氏だが、彼の作家としての本当の（　　　　）が試されるのは、むしろこれからだろう。
4. 今度こそ（　　　　）を落ち着けようと頑張っていたが、やはり続かず、辞任を申し出ようと上司のもとに出向いたが、なかなか（　　　　）が切り出せなかった。
5. 「気難しい客だからと言って腫物に触るような（　　　　）でいたら、はかばかしい（　　　　）は望めないぞ」と上司にこんこんと諭された。
6. 渾身の（　　　　）で振り切ったバットが白球をスタンドに運び、球場は蜂の巣をつついたような（　　　　）になった。

第16課

I．ニュアンスの違いを意識してみましょう。
1．次の文には「思わず」「つい」のどちらがより適切ですか。
・子どもの可愛い仕草を見て、(　　　　)カメラのシャッターを切った。
・給料日前でお金がないというのに、金曜日になると(　　　　)飲みに出かけてしまう。
・素晴らしい演奏に(　　　　)立ち上がり「ブラボー」と叫んでしまった。
・二度とすまいと思っていたのに、(　　　　)誘いに乗って同じ過ちを繰り返してしまった。

2．「思わず」「つい」をどう使い分けているか考えてみましょう。
　思わず：＿＿＿＿＿＿＿＿＿＿＿＿＿＿＿＿＿＿＿＿＿＿＿＿＿＿＿＿＿＿
　つ　い：＿＿＿＿＿＿＿＿＿＿＿＿＿＿＿＿＿＿＿＿＿＿＿＿＿＿＿＿＿＿

II．A、Bどちらの状況が与えられた表現に適していますか。Cはどちらかを使って文を完成してください。
1．[けれんみがない　／　裏表がない]
　A：訃報が伝えられたAの葬儀に、交通整理が必要なほど弔問客が訪れたのは、彼の受けを狙わない、素朴で実直だった役者人生が多くの人に愛されていたからだ。
　B：万年平社員だと自嘲気味のBさんに相談に来る人が絶えないのは、常に言うこととすることが一致しており、信頼されているからだ。
　C：C豆腐店がここまで商売を続けてこられたのは、正直に儲けにこだわることなく、「お客様に美味と健康を」という看板通りの(　　　　)姿勢があったからこそだ。

2．[太鼓持ち　／　提灯持ち]
　A：課長は部長に気に入られようと、会議では、たとえ衆目の一致する意見に反すると思われても、無条件に部長の思惑に同調している。
　B：A教授は、娘婿のB教授が学部長に就任できるよう、他の教授にB教授の業績と人柄を、卑屈なほどまでに宣伝して回った。
　C：市議会議員選挙の前になると、自治会長は、演説会だ、緊急会議だと人集めをしては、地元の候補者の(　　　　)をするのに忙しい。

第16課

3. ［雪崩を打つ ／ 堰を切る］

A: バーゲンセール初日のデパートでは、例年のことだが、開店とともに買い物客がいっせいにお目当てのフロアーへ駆け込み大騒ぎになった。

B: 妻は、夫が不用意に漏らした心ない一言をきっかけに、結婚以来積もりに積もった不満を一気にぶちまけた。

C: 薄々感じてはいたが、両親の口から出生の秘密を告げられた少女は、（　　　　）ように泣き出した。

Ⅲ．次の（　）に適当な助詞を入れ、a〜cをd〜fと結んで文を完成してください。

例）

意	（を）体して	[a]	[d]	結論を蹴る。
	（に）染まぬ	[b]	[e]	結論を出す。
	（を）決して	[c]	[f]	結論を導く。

　　　答　[a]—[f]　[b]—[d]　[c]—[e]

1.

「はい」と言いつつ、腹の中では[a]	舌	[d]（　）出している。
取引先のしたたかなやり口に[b]		[e]（　）回る。
いつもは無口なのに、今日はどういうわけかよく[c]		[f]（　）巻いた。

　　　答　[a]—[　]　[b]—[　]　[c]—[　]

2.

頭	（　）冷やして	[a]	[d]	鞄を投げつけて、部屋を出た。
	（　）来たので	[b]	[e]	もう一度、考え直すべきだ。
	（　）抱えて	[c]	[f]	悩んだが、良い結論は出なかった。

　　　答　[a]—[　]　[b]—[　]　[c]—[　]

第 16 課

Ⅳ. （　）に適当な言葉を選んで入れ、文章を完成してください。

　過疎化と高齢化が進む我が村で、外国人の若者が共同生活をし始めた。片言の日本語で、これから隣家で生活するからよろしくと挨拶に来た三人の若者を見て、（　　　　）もままならない人たちが田舎の（　　　　）に戸惑ったりして長続きしないのではないだろうかと心配していたが、とんだ思い違いだった。
　体力が許す範囲で妻と畑を耕して生活している私は、野菜を適当に（　　　　）おすそ分けをするようにしていたが、一度、持って行った野菜を使って、ケーキを作ってきてくれた。野菜を使ってケーキを作るなど、年寄り夫婦には思いもよらなかったことで、喜んだ妻がお返しに（　　　　）の材料を使って昔ながらの料理を作って届けた。それがきっかけとなって、行き来が始まった。
　どちらから（　　　　）わけでもないが、野菜を介したやりとりが今では、近所の人たちも参加して料理交換会が開かれるまでになった。時には、（　　　　）になりながら畑仕事に力を貸してくれたりもする。
　細々と世話を続けていた畑だったが、（　　　　）年寄り夫婦に野菜ばかりか三人の若者との縁を生み出す格好になった。

　［ありあわせ　汗だく　意志疎通　仕来り　図らずも　見繕う　持ちかける］

Ⅴ. （　）に言葉を補って、文を完成してください。
1. このまま景気の先行きが（　　　　）状況が続けば、五百年続いたこの老舗和菓子店の暖簾を（　　　　）行くのも難しくなるだろう。
2. 調べを（　　　　）うちに、被害者は複数の友人知人からの借金を踏み倒していたことが明らかになり、殺害の動機として怨恨の線が（　　　　）。
3. 「多少の失敗なら（　　　　）に見る」と言っていたＹ部長だが、入札を逃した社員をつかまえて罵詈雑言を浴びせる姿に「（　　　　）を現したな」と誰もが思った。
4. 学生からの（　　　　）が篤かったＫ教授だが、ゼミの打ち上げで泥酔した挙句、学内の噂をあれやこれやと暴露してしまい、（　　　　）をつける結果となった。
5. 選手たちが滴る（　　　　）も厭わず続けた練習の結果、技術的にも精神的に去年と比べると長足の（　　　　）がみられる。
6. 「どこが飛び切りの（　　　　）なものか」と店先で大声を出した私を、店主は胡乱な（　　　　）とでも思ったのか、警察に通報されてしまった。

第17課

I．ニュアンスの違いを意識してみましょう。
1. 次の文には「いわゆる」「いわば」のどちらがより適切ですか。
   ・日本の人口構成は、戦後しばらくして生まれた（　　　　）団塊世代が最も多い。
   ・一国の首長は、（　　　　）船長のようなもので、その国の舵取りを任されている。
   ・コンピュータのハードディスクは、（　　　　）人間の脳のようなものだ。
   ・ここ数年、銭湯にレストランや理髪店など様々な施設が付属した（　　　　）スーパー銭湯なるものが増えている。
2. 「いわゆる」「いわば」をどう使い分けているか考えてみましょう。
   いわゆる：
   いわ　ば：

II．A、Bどちらの状況が与えられた表現に適していますか。Cはどちらかを使って文を完成してください。
1. ［予防線を張る　／　伏線を張る］
   A：昨年、定年を待たず退職したAは、来春自治会の役を押し付けられそうな予感がして、近所の人に会うたびに嘱託の仕事が決まりそうだと言っている。
   B：脚本家は、主人公と犯人が街角ですれ違うシーンを入れて、後に二人が恋人同士になる事を暗示した。
   C：酒癖の悪い課長に辟易している部下は、今夜あたりかなと思うと、予定が入っているとさりげなく（　　　　）。
2. ［時流に乗る　／　上げ潮に乗る］
   A：経営不振に陥っていたA社は、女子社員の思いつきが思わぬヒット商品を生んでから、会社全体の士気が鼓舞され、一気に赤字を挽回し、順調な経営を続けている。
   B：B社は、高齢者が増え、健康志向が高まるのに目をつけて、その世代を対象にした商品に特化し、あっという間に売り上げを三倍に伸ばした。
   C：当初は難航した新製品開発プロジェクトも、大学の研究室の協力を得られるようになって、漸く商品化の目処も付き（　　　　）。

第17課

3．［何の変哲もない ／ 可もなく不可もなし］

A：これは高級なベネチアングラスだそうだが、どこから見てもその辺で売っているガラスの器と変わらない。

B：B市長は大改革を成し遂げたというわけではないが、ここまでのところ与えられた任務を全うしている。

C：課長は、新入社員Cの書いた報告書を見て、「（　　　　）」と言って、褒めもしなければけなしもしなかった。

Ⅲ．次の（　）に適当な助詞を入れ、a～cをd～fと結んで文を完成してください。

例）

意	（を）体して	[a]	[d] 結論を蹴る。
	（に）染まぬ	[b]	[e] 結論を出す。
	（を）決して	[c]	[f] 結論を導く。

答　[a]—[f]　[b]—[d]　[c]—[e]

1．

宣伝も何もしないのに注文が途切れないのは、彼の [a]	腕	[d]（　）覚えがあるからだ。
彼が簡単に引き受けてくれたのは、[b]		[e]（　）上げたからだ。
このところお客が増え始めたのは、彼が [c]		[f]（　）立つからだ。

答　[a]—[　]　[b]—[　]　[c]—[　]

2．

骨身	（　）応える [a]	[d] 寒さのせいで、風邪を引いた。
	（　）削る [b]	[e] 温かい言葉に思わず涙が溢れた。
	（　）沁みる [c]	[f] 思いで働き続け、ついに病に倒れてしまった。

答　[a]—[　]　[b]—[　]　[c]—[　]

第17課

Ⅳ. （　）に適当な言葉を選んで入れ、文章を完成してください。

父の転勤で、転校を余儀なくされ後にした小学校を三十年ぶりに訪ねる機会があった。丘の上にある校舎で、運動場からは太平洋が一望でき、その景観は、たまに来る保護者がしばし（　　　　　）、校歌にも唄い込まれるほどだった。しかし、小学生の足には、辿り着くまでが一苦労。雨の日や風の日には随分と難儀な思いをさせられたものだった。

ところが、丘の麓でバスを降り辿った小学校までの坂道は（　　　　　）するほど短く楽だった。そればかりか、（　　　　　）気持ちを抑えるように足を踏み入れた小学校は、何もかもが思い出と比べ（　　　　　）小さい。（　　　　　）な子どもたちが（　　　　　）に走り回った運動場が狭い。机や椅子は、娘の玩具ほどにしか見えない。

それでも、校舎の周りを巡ってみたり、事務所にお邪魔をして（　　　　　）だった先生の消息をお尋ねしている間に、少しずつ昔のことが蘇ってきた。すると、不思議なことに、運動場も机も椅子も、みんな昔の大きさに見え始めてきた。

心のタイムカプセルが、三十年振りにそっと開かれた。

　　　［いたいけ　たかぶる　天真爛漫　熱血漢　一回り　拍子抜け　見とれる］

Ⅴ. （　）に言葉を補って、文を完成してください。
1. 時折、書斎に籠って仕事をする私の様子を（　　　　　）は、「そんなに根を（　　　　　）と体を壊しますよ」と声をかけてくれた妻のおせっかいが、今となっては懐かしい。
2. 子育ての労を（　　　　　）、今日は羽を伸ばしておいでという義母の好意に（　　　　　）、今日一日は友人と遠出をすることにした。
3. 恩師の新著が刊行されたことを知り、（　　　　　）をしたためたところ、「君はちゃんと（　　　　　）に残すべき研究を続けているのか」と諭されてしまった。
4. 次期学長候補から漏れたＨ教授は、選考委員会に（　　　　　）を唱えたが、双方の意見は平行線を辿るのみで、（　　　　　）には至らなかった。
5. 出世欲の権化のようなＴが、「欲を張らず、身の丈にあった（　　　　　）が一番だ」などと聞いた風な（　　　　　）をたたくのは、ちゃんちゃらおかしい。
6. 「耳寄りな（　　　　　）がある」と持ちかけられたエビの先物取引だったが、現地に行って目にしたのは、夥しい（　　　　　）のエビの死骸だけだった。

第18課

Ⅰ．ニュアンスの違いを意識してみましょう。
 1．次の文には「とりあえず」「いちおう」のどちらがより適切ですか。
   ・友人が救急車で運ばれたと聞き、（　　　　）病院へ急行した。
   ・天気予報では夕方から三十パーセントの降水確率だが、（　　　　）傘を持って行く。
   ・海外旅行に備えて他にも準備するものがあるが、（　　　　）パスポートは必要だから申請しておこう。
   ・お父上から頼まれていることもあり、内定はしていますが、他の人の手前（　　　　）テストは受けていただきます。
 2．「とりあえず」「いちおう」をどう使い分けているか考えてみましょう。
   とりあえず：＿＿＿＿＿＿＿＿＿＿＿＿＿＿＿＿＿＿＿＿＿＿＿＿＿
   いちおう：＿＿＿＿＿＿＿＿＿＿＿＿＿＿＿＿＿＿＿＿＿＿＿＿＿＿

Ⅱ．A、Bどちらの状況が与えられた表現に適していますか。Cはどちらかを使って文を完成してください。
 1．［空振りに終わる　／　機を逸する］
   A：最近ぎくしゃくしている会員の仲を深めるため、親睦目的のカラオケ大会を計画したが、参加者は予想を遥かに下回った。
   B：駅前のデパートで開業五十周年謝恩バーゲンセールを開催中なので、是非手に入れたい物があって暇を見つけて行こうと思っていたが、残業続きで行けそうにない。
   C：今度のプロジェクト失敗をこれからに生かそうと、社を挙げて研修会を予定したのに、私の意気込みとは逆に社員の反応はいま一つで（　　　　）。
 2．［上辺を繕う　／　外面がいい］
   A：半年前にリストラされたAさんは、平気な顔をしているが、実は物心両面でかなり苦境に立たされているのが実状らしい。
   B：父は家ではいつも難しい顔をして、家族と口を利くのも煩わしそうにしているが、会社では、信じられないほど愛想がいいらしい。
   C：その時だけどんなに（　　　　）も、毎年何人もの新卒者を相手にしている、経験豊富な面接官をだますことはできない。

第18課

3. ［無駄口を叩く ／ 屁理屈をこねる］
    A： Aは、他人は平気で批判するが、自分のミスを指摘されても、あれこれと言い訳をして、決して自分の落ち度を認めようとしない。
    B： おしゃべりばかりしてなかなか仕事にとりかからないアルバイトを首にしたはいいが、個人経営の酒屋に応募してくる若者は少なく、店主は困惑している。
    C： 課長は、成績不振の責任逃れをする営業担当者に向かって「（　　　　）、さっさと仕事に出かけろ」と喝を入れた。

Ⅲ．次の（　）に適当な助詞を入れ、a～cをd～fと結んで文を完成してください。
例）

意	（を）体して	[a]	[d] 結論を蹴る。
	（に）染まぬ	[b]	[e] 結論を出す。
	（を）決して	[c]	[f] 結論を導く。

　　　　答　［a］―［f］　［b］―［d］　［c］―［e］

1.

病状が峠を越したと聞いて、彼女は	[a]	唇	[d]（　）噛んで悔しがった。
注意したところ、彼女は素直には聞かず	[b]		[e]（　）尖らせて俯いた。
僅差で敗れ、メンバーは	[c]		[f]（　）綻ばせた。

　　　　答　［a］―［　］　［b］―［　］　［c］―［　］

2.

気	（　）吐いているのは	[a]	[d] 横綱一人で、なんとも寂しい場所だった。
	（　）病んでいるのは	[b]	[e] 君一人だ。くよくよ悩む性格も考えものだ。
	（　）気でないのは	[c]	[f] 君ばかりではない。誰もが彼の帰還を祈っている。

　　　　答　［a］―［　］　［b］―［　］　［c］―［　］

第18課

Ⅳ. （　）に適当な言葉を選んで入れ、文章を完成してください。

　数年前、六十の手習いよろしく、一念発起して半年ばかり、海外へ英会話の勉強に出かけたが、若い人たちに交じっての授業や寮生活はとても新鮮な体験だった。
　ある日、学生が集まって近くのピザハウスへ（　　　）交歓会があり、歌を披露することになった。私も最後に歌えと言う。みんな本当に上手だった。若い人と（　　　）というわけではないが、それでも場を白けさせてはいけないと落ち着かない。が、もともと音楽に（　　　）私に、その場に（　　　）の持ち歌などあるはずもない。年甲斐もなく若い人に付き合うのではなかったと思ったが、時や遅しである。（　　　）の私に声がかかった。
　♪ウサギ追いしかの山...と歌い出すと、次第に場が静まり、みんなが真剣に耳を傾け始めた。ええい（　　　）だと選んだ「ふるさと」が受けた。何の歌だ、どんな内容だ。歌い終えると次々に質問が飛んできた。（　　　）の説明は、私の会話力では手に余るので、歌の心を話した。
　みんな、親許を離れ、故郷が恋しいという気持ちになっていたのだろうし、私も、少し里心が付いていたのかもしれない。下手なりに、歌の心が共有できた。

　［一言一句　うってつけ　疎い　繰り出す　しんがり　出たとこ勝負　張り合う］

Ⅴ. （　）に言葉を補って、文を完成してください。

1. 眉間に皺を（　　　）部下のことばを聞いていた部長は、「往生際が（　　　）な」と一喝すると、部屋から出て行った。
2. 株主が一堂に（　　　）総会で、クールビズスタイルを通し、処分対象になった社員は、重役会議の沙汰を（　　　）謹慎している。
3. 犯人は「警察が（　　　）を呑むまでは」と民家に立て籠っていたが、警察側は、母親に拡声器を使って説得させ、（　　　）に訴える作戦を取った。
4. （　　　）を荒立てる気はなかったが、部費を紛失して部員から責め立てられるB君があまりに哀れだったので、彼のために一肌脱ごうと彼の（　　　）に回った。
5. 他聞を憚る（　　　）だったらしく、ぞんざいな（　　　）で人払いをすると、Y部長は「実は、困ったことになったんだ」と切り出した。
6. 鼻筋の通った（　　　）は一見冷たい印象を与えるが、黒目勝ちの（　　　）を絶え間なく活発に動かす様が、彼女のチャームポイントになっている。

第19課

Ⅰ．ニュアンスの違いを意識してみましょう。
1. 次の文には「急に」「突然」のどちらがより適切ですか。
   ・最近（　　　　）足腰が弱くなったと感じられるのは、年齢を意識しているからだろうか。
   ・秋も深まり、（　　　　）朝晩の冷え込みが厳しくなってきた。
   ・音信不通だった息子が（　　　　）現れ、百万円都合してくれとは、何があったのだろう。
   ・（　　　　）後ろから呼び止められて身構えたが、「財布を落としましたよ」と言われて恥ずかしかった。
2. 「急に」「突然」をどう使い分けているか考えてみましょう。
   急に：＿＿＿＿＿＿＿＿＿＿＿＿＿＿＿＿＿＿＿＿＿＿＿＿＿＿＿＿＿＿＿＿＿＿
   突然：＿＿＿＿＿＿＿＿＿＿＿＿＿＿＿＿＿＿＿＿＿＿＿＿＿＿＿＿＿＿＿＿＿＿

Ⅱ．A、Bどちらの状況が与えられた表現に適していますか。Cはどちらかを使って文を完成してください。
1. ［挙句の果て　／　とどのつまり］
   A：新入社員のAは、部長に命じられて何度も手直しをした企画書が、最終的に不採用になり、ひどく落ち込んだ。
   B：新入社員のBは、自分の器量では、会社のためにどんなに一生懸命働いても、出世は課長止まりとあきらめている。
   C：客は、あれこれ注文を付けて、何度も設計図を書き換えさせておいて、（　　　　）、他の設計事務所に決めたと断りの電話をしてきた。
2. ［呼び水になる　／　引き金になる］
   A：原油が高騰したことがきっかけで、ガソリンはもとより、すべての公共料金、果てはトイレットペーパーに至るまで、値上りし続けている。
   B：登下校の小学生を見守る活動がテレビで紹介されると、コミュニティーで子どもを守ろうと、全国で同様の活動が次々に展開されることになった。
   C：政治家の「高齢者は、そんなにお金が要らないから」の一言が（　　　　）、年金問題は思わぬ方向へと迷走し続けている。

第19課

3. [虫が知らせる ／ ぴんと来る]

A: ボックス席の向かい側に座った男が、ちらりとこちらを見たとき、普通じゃないと感じて、次の駅で降りるふりをして席を立った。

B: 何となく気乗りがせず、後ですればいいようなことに時間をかけてぐずぐずしていたら、祖母が倒れたという電話が入った。

C: A子とB男が付き合っていると（　　　）のは、パーティーの席でたまたま、二人が目配せするのを目にしたからだ。

Ⅲ．次の（　）に適当な助詞を入れ、a～cをd～fと結んで文を完成してください。

例)

意	（を）体して	[a]	[d]	結論を蹴る。
	（に）染まぬ	[b]	[e]	結論を出す。
	（を）決して	[c]	[f]	結論を導く。

答　[a]—[f]　[b]—[d]　[c]—[e]

1

騒がしい声がするので、そちらの方へ	[a]	目	[d]	（　）見張った。
相手の射るような眼差しに、思わず	[b]		[e]	（　）伏せた。
惨事の画面が信じられず、思わず	[c]		[f]	（　）遣った。

答　[a]—[　]　[b]—[　]　[c]—[　]

2.

首	（　）長くして	[a]	[d]	待っていた父の帰還が明日に迫った。
	（　）かけた	[b]	[e]	勝負だが、やるしかない。
	（　）つないだのは	[c]	[f]	会社の危機を救う、ある提案だった。

答　[a]—[　]　[b]—[　]　[c]—[　]

第19課

Ⅳ. （　）に適当な言葉を選んで入れ、文章を完成してください。

　異常な暑さにからめ取られるようにして亡くなるお年寄りが後を絶たない。

　息子と船に乗り込んで、汗みどろで網を（　　　）お年寄りや強い日差しの下で農作業をするお年寄りになら、（　　　）命を投げ出すような無謀なことをするからだですむかもしれない。しかし、水分を十分に摂り、日陰にひっそり身を潜めている人にまで、まるでその努力を（　　　）かのように、酷熱の悪魔が手を伸ばす。

　原発の安全神話が覆され、節電の声が（　　　）昨今、もったいない精神の権化のような生活を続けてきたお年寄りが、せっせと節電に努めている。「節電」の呼び掛けだけが（　　　）している感のある中で、（　　　）を離れて協力しなければと、正直一辺倒にエアコンを切り、命を落としているのが、この人たちなのである。

　健康を気遣って、エアコンをつけて休んではという私の勧めを、昔に比べれば、この程度のことは（　　　）だと、頑なに拒む祖父母。寝不足が歴然とした疲れた顔を見て、どうしたものかと、私は、思案投げ首である。

　　［朝飯前　嘲笑う　かまびすしい　私利私欲　手繰る　手ずから　一人歩き］

Ⅴ. （　）に言葉を補って、文を完成してください。

1. その場を盛り上げようとして言った一言が、大臣としての見識を（　　　）ざるを得ないとマスコミに取り上げられるや否や、集中砲火を（　　　）始末となった。
2. かつかつの暮らしをしているくせに、気前の良いふりをして見栄を（　　　）り、できもしないことをできると言ってはったりを（　　　）り、Hにはうんざりだ。
3. 娘の目に余る振る舞いに、このままでは親の（　　　）に関わると思い、ひとつ（　　　）を据えてやることにした。
4. （　　　）を振り乱して、一心不乱に祈祷をするイタコの姿に魅入られたような会場の雰囲気を一目見て、私は（　　　）が走る思いをさせられた。
5. 作物は育たないだろうと思われていた痩せた（　　　）を均すところから始め、バナナ栽培を成功させたD社は、飛ぶ鳥を落とす（　　　）で急成長を遂げた。
6. 「我々も手荒な（　　　）はしたくないんですよ」と言いつつも、ただ同然で立ち退きを迫る悪くどい（　　　）に、ついに住民が立ち上がった。

第20課

Ⅰ．ニュアンスの違いを意識してみましょう。
1. 次の文には「もうすぐ」「すぐ」のどちらがより適切ですか。
    ・旧来の電球は(　　　　)切れるけれども、LED電球は長持ちする。
    ・早いもので、一番年長の孫が二十歳になるのも(　　　　)だ。
    ・(　　　　)クリスマス休暇だ。今年こそ海外へ脱出するぞ。
    ・子どもは(　　　　)大きくなるから少し大きめの服を買っておくほうがいい。
2. 「もうすぐ」「すぐ」をどう使い分けているか考えてみましょう。
    もうすぐ：
    す　ぐ：

Ⅱ．A、Bどちらの状況が与えられた表現に適していますか。Cはどちらかを使って文を完成してください。
1. ［のべつ幕無しに　／　寝ても覚めても］
    A： 留学した最初の年は、一種の興奮状態が続いてあっという間に過ぎたが、少し生活が落ち着くと、ひどいホームシックにかかり、家族のことばかり思って過ごした。
    B： 隣の奥さんは、近所の人を捕まえては、海外赴任している息子の自慢話を延々と続けるので、近所の鼻つまみ者になっている。
    C： 「恋の病」とはよく言ったものだと、(　　　　)A子のことが頭を離れないCは、我ながらあきれる思いで毎日を過ごしている。
2. ［板に付く　／　様になる］
    A： 教師になって今年で五年目。Aは、最近仕事にも慣れ、振る舞いも物言いも、身なりまでがすっかり先生らしくなってきた。
    B： 今年不惑の歳を迎えたBは、どんな役を振られても円熟した演技でそれぞれをこなし、演技派俳優として名を馳せている。
    C： 新人研修中は、指導教官に怒られてばかりいたCも、いったん制服に身を包むと(　　　　)、頼もしく見える。

第20課

3. [高が知れる ／ 愚にもつかない]

A: そんなにありがたがられると、かえってこちらが恐縮します。見た目は本物そっくりでも、精巧な模造品なので、たいした額の物ではないですから。

B: 取引先が倒産するかもしれないという噂は、誰かが為にするでっち上げで、相手にする必要などさらさらない。

C: マラソンと言っても、フルマラソンではなく十キロで、毎日走り込みを続けている者にとっては、（　　　　）距離である。

Ⅲ．次の(　)に適当な助詞を入れ、a～cをd～fと結んで文を完成してください。

例)

意	（を）体して [a]	[d] 結論を蹴る。
	（に）染まぬ [b]	[e] 結論を出す。
	（を）決して [c]	[f] 結論を導く。

　　　　　答　[a]—[f]　　[b]—[d]　　[c]—[e]

1.

あいつは、一人前のつもりでも、まだまだ [a]	尻	[d]（　）火が付いた。
結婚前はしおらしかった彼女だが、今では夫を [b]		[e]（　）敷いている。
延ばし延ばしにしていたが、納期が迫り、いよいよ[c]		[f]（　）青い。

　　　　　答　[a]—[　]　　[b]—[　]　　[c]—[　]

2.

十人並みなのに、彼女は容貌を [a]	鼻	[d]（　）高い。
息子の快挙に親である私も [b]		[e]（　）凹ましてやりたい。
いい気になっているあいつの [c]		[f]（　）かけている。

　　　　　答　[a]—[　]　　[b]—[　]　　[c]—[　]

第20課

IV. （　）に適当な言葉を選んで入れ、文章を完成してください。

　「ゆうこ、ほら、ホタル」たまにベランダに連れ出したとき、母は、決まって麓に見える灯に指をさす。「ほんと、母さん。きれいだね」と、母に（　　　　）ようにして、私は娘時代の「ゆうこ」を演じる。

　主人が寝たきりになり、母と主人の世話の（　　　　）に、どうしようもなく今のホームに母を預かってもらうことにした。ホームへの（　　　　）、どこまで理解してくれるものやらと思いつつも、一生懸命事情を説明した。それでも母は、部屋を見るなり「帰ろうよ」と、私の袖を離さなかった。それから数カ月、会うたびごとに（　　　　）ようにして、やっと今の（　　　　）な生活が始まった。

　今、母は、私の顔を見ても、「すみません。いつもお世話になります」と敬語を使い、最後に「○○さん」と、時には主人の、あるいは、ホームの職員さんのと、（　　　　）に苗字を添えるようになっている。そんな母が、ホームに入れた私の拭いきれない（　　　　）を少し和ませてくれるのは、敬語も使わず名もあやまたず「ゆうこ、ほら、ホタル」と、丘の麓を指さすときである。

［あてずっぽう　板挟み　後ろめたさ　縋る　なだめすかす　平穏無事　道すがら］

V. （　）に言葉を補って、文を完成してください。

1. 会社の浮沈を（　　　　）プロジェクトを前に、口を（　　　　）ばかりで一向に代案を出さない部下の態度に、部長はしびれを切らして怒鳴り散らした。

2. 万引きの嫌疑を（　　　　）男は、警備員の言葉に耳を貸そうという素振りも見せず、自分の言い分を何としても（　　　　）と、ひたすらしゃべり続けた。

3. 溜まりに溜まった仕事を片付け、ようやく（　　　　）につき、晩ご飯にありついたのは、辺りがすっかり夜の（　　　　）に包まれた頃だった。

4. 普段から（　　　　）の少ない子だが、泥だらけになって帰って来た理由を何度問い質しても、ただただ（　　　　）を振るばかりでまったく口を開かない。

5. 記者たちの前でしかつめらしい（　　　　）で深々と一礼した俳優Aだが、被害者に袖の下を握らせるという姑息な（　　　　）で示談に持ち込んだことは周知の事実だ。

6. 絵画コンクールの受賞式という晴れがましい（　　　　）だが、なにせまだ頑是ない（　　　　）のこと、足をぶらぶらさせたり、何とも落着きがない。

第21課

I．ニュアンスの違いを意識してみましょう。
1. 次の文には「むしろ」「かえって」のどちらがより適切ですか。
   ・親友の結婚式とはいえ、こんな嫌な思いをするなら（　　　　）出席しなければ良かった。
   ・お詫びに伺ったのに、（　　　　）ごちそうになり、恐縮してしまった。
   ・買い物といった日常生活のことを考えれば、老後は、静かな田舎より（　　　　）都会に住んだほうが何かにつけて便利かもしれない。
   ・何とか少しでも儲けようと思って投資したら、（　　　　）損をした。
2. 「むしろ」「かえって」をどう使い分けているか考えてみましょう。
   むしろ：
   かえって：

II．A、Bどちらの状況が与えられた表現に適していますか。Cはどちらかを使って文を完成してください。
1. [見るに見かねる　／　いたたまれない]
   A：Aは、信号が変わっても横断歩道を渡りきれず、道路の中央でおろおろしている老人に気がついて、危険承知で道路へ飛び出し、車を制した。
   B：善意でしたことが裏目に出て、個人プレーをするからだと出席者全員から非難され、我慢できずに席を蹴って部屋を出た。
   C：商売に失敗し、家族も離散してしまったCが泣きついて来たとき、（　　　　）追い返すことはできなかった。
2. [割り切れない　／　腑に落ちない]
   A：真面目一筋で働いていたあの男が、金を横領して背任罪で告訴されるなんて、長く机を並べて仕事をしていた一人としては、すんなり受け入れがたい。
   B：ホームページの写真が実物と違っていたため返品することになったのに、送料を負担させられて不愉快な思いをさせられた。
   C：同僚のミスの後始末をさせられ、責任の一部まで取らされるなんて、世の中（　　　　）ことが多すぎると自棄酒を食らった。

第21課

3. ［物怖じせず ／ 物ともせず］
   A: 息子の身の潔白を信じている母親は、他人からどんな中傷を受けようと全く耳を貸すことなく、冤罪を晴らすための呼びかけを続けている。
   B: 初舞台にも関わらず、Bは、ベテラン役者たちに交じって一歩も引けを取ることなく、立派に与えられた役をこなした。
   C: 火災現場では、消防士が火の手など（　　　　）、黙々と生存者を救出している姿が被災者たちを勇気づけた。

Ⅲ．次の（　　）に適当な助詞を入れ、a～cをd～fと結んで文を完成してください。

例）

これまでのことは、何もかも [a]		水	[d]（を）さされてしまって、やる気が失せた。
せっかくのアイディアだったのに、[b]			[e]（を）あけられて平社員と課長だ。
人生のスタートラインは同じだったのに、今ではすっかり [c]			[f]（に）流して、一からやり直そう。

答　[a]—[f]　[b]—[d]　[c]—[e]

1.

隙	（　）ない [a]		[d]　シュートを打った。
	（　）見せて [b]		[e]　相手が油断したところを攻撃した。
	（　）狙って [c]		[f]　態度に攻めることができない。

答　[a]—[　]　[b]—[　]　[c]—[　]

2.

いらぬことを言って、怒りに [a]		油	[d]（　　）売っているに違いない。
成立していた契約をパアにして、こってり [b]			[e]（　　）注いでしまった。
いつまでも帰ってこない妻はどこかで [c]			[f]（　　）絞られてしまった。

答　[a]—[　]　[b]—[　]　[c]—[　]

第21課

IV. （　）に適当な言葉を選んで入れ、文章を完成してください。

　単身赴任をしていた父が、赴任先のマンションで亡くなった。

　父は「この歳になって、単身赴任とはな」と言いつつも、「最後までお務めを（　　　　）のだ」と心を決めて、赴任していった。

　父がたった一つ心に懸けていたことは、人生の（　　　　）だったという。「いつ何があるか分からないから、洗い物も食事のたびに…」と口癖のように言っていたそうだ。すべて親がかりの私に、殊更に（　　　　）をするつもりはなかったのだろうが、母からは、繰り返しそう聞かされていた。

　（　　　　）ほどに整頓されたマンションは、父の几帳面さが（　　　　）だったが、キッチンに、晩酌を（　　　　）愛した父が愛用していたとっくりとぐい飲みが使ったままで残されていた。（　　　　）気が緩んだのか、涙で顔をくしゃくしゃにしながら、何かを語りかけるようにして一つひとつを洗う母の横で、最後まで几帳面さが通せなくて悔しかっただろうなと思うと、無性に父へのいとおしさが込み上げてきた。

[一目瞭然　引き際　当て擦り　全うする　小気味いい　こよなく　張り詰める]

V. （　）に言葉を補って、文を完成してください。

1. 兄の大学受験失敗を機に平穏だった家庭に波風が（　　　　）始めた。気に病んだ祖母は体調が（　　　　）と言い出すし、母は、何かに付けて当たり散らす始末だ。

2. A社の内定を取ったと、あまりに自慢するものだから、ひとつ芝居を（　　　　）一泡吹かせてやろうと、仲間内でA社の株が大暴落したというデマを（　　　　）。

3. 数々の新人賞を総嘗めにして、（　　　　）を放っていた作家Dだが、出版界に対して（　　　　）を曲げることがあったとかで、ここ数年一本の新作も出ていない。

4. 幼い頃、兄弟喧嘩をすると決まって父の（　　　　）が飛んできたものだ。仁王立ちの父の前で正座し、兄弟揃って泣きながら（　　　　）を乞うた日々が懐かしい。

5. 朴訥とした（　　　　）で黙々と仕事をこなすJだが、今回の個展にかける思いも並々ならぬもので、その入念な（　　　　）には鬼気迫るものすら感じられる。

6. 名にし負う（　　　　）とあって、「うちは、コンビニに卸す商品の開発なんてね…」と一蹴され、気詰まりな（　　　　）を打ち破ろうとしたものの取りつく島もなかった。

第22課

I．ニュアンスの違いを意識してみましょう。
1．次の文には「たかだか」「せいぜい」のどちらがより適切ですか。
・（　　　　）一泊二日なのに、そんな大きい鞄で来るとは、呆れてしまうね。
・その九谷焼の壺は十万円もしたって言っていたけど、（　　　　）一万円ぐらいにしか見えないよ。
・回転寿司へ行くと、若いころは二十皿は軽く食べられたのに今では、（　　　　）十皿だ。
・（　　　　）肉の大きさが違っただけで、大喧嘩をするなんてみっともないよ。

2．「たかだか」「せいぜい」をどう使い分けているか考えてみましょう。
　　たかだか：
　　せいぜい：

II．A、Bどちらの状況が与えられた表現に適していますか。Cはどちらかを使って文を完成してください。
1．［梯子を外される　／　寝返りを打つ］
　A：必ず昇進させると上司に言われ、一年の期限付きで出向したAだったが、会社が外資に買収され、約束は空手形に終わった。
　B：セールスマンのBは、新規取引先と契約を交わす段になって、突然、ライバル社に移ることになったと言い出した。
　C：株主総会で、任期途中にも関わらず不信任案を突き付けられ、C社長は投票結果次第では（　　　　）かねない状況に陥った。

2．［一事が万事だ　／　判で押したようだ］
　A：Aは、入社以来二十年間、余程の突発事故でもない限り、八時に家を出て、六時には帰宅するという規律正しい生活を送っている。
　B：Bがどんな私生活を送っているかは、彼に聞くまでもなく、事務所の机の有り様を見れば、容易に想像できる。
　C：マニュアルを尊重する多くのチェーン店は、接客態度もそうだが、（　　　　）、クレームの対処まで同じで温かみが感じられない。

第22課

3. ［根掘り葉掘り　／　何くれとなく］

A：一人暮らしすることになった息子のために、母親は忘れ物がないかと下着の一枚に至るまで念入りに点検、準備をした。

B：姉は妹が帰宅するや否や、妹の嫌がる様子に頓着することなく、初デートの様子をあれこれ詳しく聞きだそうとした。

C：Cは、最近息子が結婚した近所の知り合いに結婚費用や結婚相手について（　　　　）聞きだそうとして、眉をしかめられた。

Ⅲ．次の（　）に適当な助詞を入れ、a～cをd～fと結んで文を完成してください。

例）

これまでのことは、何もかも　[a]	水	[d]（を）さされてしまって、やる気が失せた。
せっかくのアイディアだったのに、[b]		[e]（を）あけられて平社員と課長だ。
人生のスタートラインは同じだったのに、今ではすっかり　[c]		[f]（に）流して、一からやり直そう。

答　[a]―[f]　　[b]―[d]　　[c]―[e]

1.

定年間近になって、窓際の　[a]	席	[d]（　）蹴って退室した。
あまりに腹が立ったので、　[b]		[e]（　）温めることになった。
話が煮詰まらず　[c]		[f]（　）改めることになった。

答　[a]―[　]　　[b]―[　]　　[c]―[　]

2.

彼のことが忘れられず、毎夜　[a]	枕	[d]（　）濡らしている。
私に会いに上京した母と、狭い部屋で[b]		[e]（　）並べた。
家族の無事が分かって、今夜は　[c]		[f]（　）高くすることができる。

答　[a]―[　]　　[b]―[　]　　[c]―[　]

第22課

Ⅳ. （　　）に適当な言葉を選んで入れ、文章を完成してください。

　人生は、思いがけない所で災難が待ち受けている。洗濯物を取り入れていると、（　　　　）と思う方向から水が飛んできた。隣室の住人が、ベランダに並べたフラワーポットに水をやっていて、何かの拍子でホースがたまたまこっちを向いた。洗濯物は濡れるし、顔面は水浸しになるしで、（　　　　）思いをさせられた思わぬ災難だった。

　翌日、件の女性が、（　　　　）ような小さな声で、「昨日はすみませんでした」と、謝罪にあらわれた。故郷の海産物を手渡され、「あれ、これは...」と、思わず口をついた。

　こちらの魂胆を（　　　　）ないように、しばらく時を置いて、私も故郷から届いた干物をおすそ分けした。以来、通路で出逢っても（　　　　）を交わすような仲になった。この地に就職が決まり、会社以外には、話す相手もいなかった私が、最初に親しくなり、人生を共にする相手と出逢った。まさか相手に（　　　　）があって、私に水を浴びせたとは思わないが、人生は「思いがけない出逢いあり」である。「あれが（　　　　）になったよ」と、子どもたちには冗談交じりに話す、三十余年前の出来事である。

　［命取り　いまいましい　深謀遠慮　はにかむ　見透かす　よもや　四方山話］

Ⅴ. （　　）に言葉を補って、文を完成してください。

1. 私が初舞台を（　　　　）のは五歳だったが、私の舞台をみて、上演後も会場の熱気が（　　　　）のを見た三歳の息子が、「僕もお芝居がしたい」と言い出した。
2. 決して褒められた人生を送ってきたとは言えないが、人に後ろ指を（　　　　）り、醜態を（　　　　）りするようなことだけは、一度もなかった。
3. 犯人が逮捕されたとはいえ、毒物混入事件はいまだに（　　　　）を引いており、被害者たちは食事に（　　　　）もつけられないと口々に語っているそうだ。
4. これは、冒険家の著者が（　　　　）を絶する酷寒での実体験を、童話の形にした作品で、そのことを（　　　　）に置いて読むと、より一層興味が湧くだろう。
5. めぼしい（　　　　）もないこの村に、娯楽施設を建設し一躍人気者となった村長だったが、たった一度の怪しからぬ（　　　　）が原因で失職することになった。
6. 華奢な（　　　　）で必死に瓦礫撤去を行うボランティアの女性がテレビに映し出され、身の引き締まる（　　　　）がした。

第23課

I. ニュアンスの違いを意識してみましょう。
1. 次の文には「あえなく」「あっけなく」のどちらがより適切ですか。
   - もはや絶望的、ここまでの治療も甲斐なく、もっても一ヶ月半という医者の言葉で、私の望みは（　　　）絶たれてしまった。
   - 俳優A目当てに見に行った映画だが、開始五分で（　　　）殺されてしまう役どころで、わざわざ見に行った甲斐もなかった。
   - 日本記録となる十度目の防衛戦でノックアウトされ、（　　　）チャンピオンの座を明け渡すことになった。
   - 義理の父親の不祥事により、大学卒業後、地道に努力して夢見てきた政治家への道が（　　　）潰えた。
2. 「あえなく」「あっけなく」をどう使い分けているか考えてみましょう。
   あえなく：
   あっけなく：

II. A、Bどちらの状況が与えられた表現に適していますか。Cはどちらかを使って文を完成してください。
1. ［宝の持ち腐れ　／　猫に小判］
   A: 父が友人から、有名な画家が描いた絵を譲り受けたが、全員絵心のない我が家ではありがたがる者がいなかった。
   B: 主人の遺品の高級外国車も、免許のない私にとっては持っていてもしかたないので売ることにした。
   C: 彼は非凡な文才の持ち主だが、酒浸りの日々を送り、筆を執ろうともしないという。全くもって（　　　）だ。
2. ［後押しをする　／　梃入れをする］
   A: 景気が上向くように企業は必死の努力を続けているが、政府は政府で、法人税の減税等、何とか苦境を脱しようと方策を練っている。
   B: 懸案だった地区の子ども用プールの建設は、地元NPOを中心にした有志の寄付活動が功を奏して、一気に進んだ。
   C: 支店の経営状態が悪化していると聞いた社長は、本社で実績のある優秀な社員を選抜して、支店へ送り込み、（　　　）。

第23課

3.［泥を被る ／ 矢面に立つ］

A：課長は、三カ年計画の不振を自分の失敗として本社に報告し、部下の誰一人に責を負わせることなく、自分だけが甘んじて減給処分を受けた。

B：多額の資金を投じたプロジェクトが失敗したとき、支店長は本社からの問責に一人で対応し、支店の士気が下がらないようにした。

C：社長が顧客に多大な損害を与えたまま姿をくらましてしまい、副社長が（　　　）ざるを得なくなり、マスコミの対応を一手に引き受けた。

Ⅲ．次の（　）に適当な助詞を入れ、a～cをd～fと結んで文を完成してください。

例）

これまでのことは、何もかも [a]	水	[d]（を）さされてしまって、やる気が失せた。
せっかくのアイディアだったのに、[b]		[e]（を）あけられて平社員と課長だ。
人生のスタートラインは同じだったのに、今ではすっかり [c]		[f]（に）流して、一からやり直そう。

答　[a]―[f]　　[b]―[d]　　[c]―[e]

1.

度	（　）超した　　[a]	[d]　彼のあんな表情は初めて見た。
	（　）失った　　[b]	[e]　笑える話も笑えなくなる。
	（　）過ぎると　[c]	[f]　冗談にみんな呆れてしまった。

答　[a]―[　]　　[b]―[　]　　[c]―[　]

2.

さんざん悩んだが、ようやく　[a]	道	[d]（　）譲ることにした。
ほんの小さな出来事から、彼は　[b]		[e]（　）開けてきた。
彼は勇退し、後進に　[c]		[f]（　）踏み外してしまった。

答　[a]―[　]　　[b]―[　]　　[c]―[　]

第23課

IV. （　）に適当な言葉を選んで入れ、文章を完成してください。

　夕刊の片隅に「セクハラ校長が（　　　　）」という記事が載っていた。やりきれない思いで読んでいるうちに、息子の小学校の校長のことだと分かり、記事を追う目が止まった。

　一度話を頼まれて、小学生の前で、私の経験を話したことがある。その時の校長だっただけに、驚いてしまった。私とそれほど違わない年頃だったから、もう定年も間近だったに違いない。その校長が、（　　　　）とはいえ、懲戒免職になり、長い年月かけて築き上げて来た業績を（　　　　）にする。退職金も出ないし、家族や親類に多大な迷惑をかけることなど（　　　　）のはずだ。校長職に長くいて、周りから（　　　　）、人生に（　　　　）を感じるようになってでもいたのだろうか。それにしても、講堂の壇上に立って垂れた人生訓を糧に生きてきた卒業生たちには、何と言って釈明するのだろうか。

　（　　　　）身柄を拘束され、「魔が差した」とでも供述するのであろう校長のこれからを考えながら、人間等しく心の中に、生まれながらに悪魔を宿しているのだろうかと、夕刊片手に、しばし呆然としていた。

　　　　［驕り　おっつけ　雲隠れ　自業自得　帳消し　百も承知　もてはやす］

V. （　）に言葉を補って、文を完成してください。

1. 社運を（　　　　）新製品の開発だったが、発売を告げるCM放映の一週間前に他社が同じ機能をもった新製品のCMを打ち、社内に激震が（　　　　）。
2. 台風で交通機関がストップし、昨夜は駅で雨露を（　　　　）が、構内は私と同じ帰宅難民でごった返すは、若者は騒ぐはで、ほとほと嫌気が（　　　　）。
3. このあたりは小京都と呼ばれ、昔ながらの格子戸のある家が軒を連ね、実に（　　　　）のある（　　　　）を醸し出している。
4. 夫の病状は急激に進行し、（　　　　）を要する症状となった。ある夜、夫が息をしていないことに気づき、人工呼吸を試みたところ、なんとか（　　　　）を取り留めた。
5. 天賦の（　　　　）に恵まれていると専らの噂だったが、薬に溺れたKは、その類稀な（　　　　）を生かすことなく角界から姿を消した。
6. 「きっと凱旋帰国を果すから」と意気揚揚と渡米したが、手持ちの（　　　　）も尽き、逃げるように帰国した私に、それでも妻は満面の（　　　　）で「お帰り」と呟いた。

第24課

Ⅰ．ニュアンスの違いを意識してみましょう。
 1．次の文には「必ず」「きっと」のどちらがより適切ですか。
　・あちらこちら廻っていれば、（　　　　）一つや二つニュースのネタに出くわすからと教えられて、記者生活を始めた。
　・一日中歩き回って（　　　　）疲れたのだろう、彼女は食事もそこそこに床に就いた。
　・忠実な彼は、たとえ理不尽だと思っても上司の命には（　　　　）従ってきた。
　・忠実な彼は、この理不尽な要求にも（　　　　）従うに違いない。
 2．「必ず」「きっと」をどう使い分けているか考えてみましょう。
　　必　ず：
　　きっと：

Ⅱ．A、Bどちらの状況が与えられた表現に適していますか。Cはどちらかを使って文を完成してください。
 1．［立ち往生する　／　進退窮まる］
　　A：テレビの生放送番組で、会場の観客からの突拍子も無い質問に司会者が動揺してしまい、番組の進行が一時止まった。
　　B：新商品の売れ行きも鈍く、取引先の銀行への返済も滞り、我が社は創立以来の危機的状況に陥っている。
　　C：Cは何度も学会発表を経験しているが、その日は、コンピューターとモニターがやっとつなげたと思ったら、今度は音が出ず、壇上で（　　　　）。
 2．［ぱっとしない　／　鳴かず飛ばず］
　　A：大型新人の触れ込みで活躍を期待されたルーキーだったが、シーズン半ばで怪我をしてしまい、成績は他の新人選手と同じような平凡なものだった。
　　B：その歌手は、デビュー直後に大ヒット飛ばし、一躍スターダムにのし上がったかに見えたが、その曲以来ヒット曲もなく十年が過ぎた。
　　C：周りからは「神童」とまで呼ばれ、将来を大いに期待されていたCだが、自らの才能に溺れ、結局（　　　　）。

3. [向かっ腹を立てる ／ 色をなす]
   A: 普段は穏やかな課長だが、この前の会議で、新入社員が生意気な口調で社の方針を批判したとき、珍しく声を荒げて怒った。
   B: 普段は冷静な課長だが、この前の会議で、誰も自分の意見に賛同してくれないことに気分を害し、会議が終わった後も怒っていた。
   C: 課長は、経過報告を怠り、会社に損害を与えた部下に対し、組織の機構を無視するにもほどがあると言って(　　　)怒った。

Ⅲ．次の(　)に適当な助詞を入れ、a～cをd～fと結んで文を完成してください。
例)

これまでのことは、何もかも [a]	水	[d] (を)さされてしまって、やる気が失せた。
せっかくのアイディアだったのに、[b]		[e] (を)あけられて平社員と課長だ。
人生のスタートラインは同じだったのに、今ではすっかり [c]		[f] (に)流して、一からやり直そう。

答 [a]—[f]　[b]—[d]　[c]—[e]

1.

名	(　)ない [a]	[d]企業の社員だからといって優秀とは限らない。
	(　)通った [b]	[e]ひとえに、この作品のおかげなのだ。
	(　)成したのは [c]	[f]草花を愛おしく思う。

答 [a]—[　]　[b]—[　]　[c]—[　]

2.

彼は言い出したら、 [a]	後	[d] (　)ない。
これに失敗したら、もう [b]		[e] (　)退かない人だ。
これは食べ出すとなんだか [c]		[f] (　)引く味だ。

答 [a]—[　]　[b]—[　]　[c]—[　]

第24課

Ⅳ. （　）に適当な言葉を選んで入れ、文章を完成してください。

　去年の夏休み、ネパールへ行き、霊峰連なるヒマラヤの大パノラマを（　　　）、職業柄、鉄道があれば、年配の人でも子どもでも、もっと多くの人がこの自然の芸術に息を呑む経験ができるのにと思った。それを口にするとガイド氏が、ネパールには鉄道が全然ないことを教えてくれた。鉄道がない？ と（　　　）の私に、件のガイド氏は、ネパールの地形が、鉄道建設に不向きなのだと教えてくれた。

　帰国以来、私は、（　　　）「ネパールに鉄道を」と呼び掛けている。「そんな、（　　　）な費用がかかるでしょう」と、私の思いを語り尽くすのを待つことなく、あっさりと（　　　）場合がほとんどである。

　窓外に飛ぶように過ぎていく傾斜地の棚田や、はるかに見えるヒマラヤの霊峰を、「♪汽車、汽車、シュッポ、シュッポ」と、将来を夢見ながら歌う子どもたちを何とか育てられないものかと、私一人の（　　　）を絞っても、とてもできる（　　　）ではないとは思いつつも、私はあきらめきれないでいる。

　［浅知恵　芸当　事あるごとに　しりぞける　堪能する　半信半疑　べらぼう］

Ⅴ. （　）に言葉を補って、文を完成してください。

1. 夫が寝込んでかれこれ一週間経つが、よもや重篤な病気ではとの不安が脳裏を（　　　）、渋る夫になんとか診察を受けさせたが、嫌な予感は（　　　）。
2. 時効寸前で奇跡の逮捕劇を繰り広げた捜査本部は、十五年間になんなんとする運がついに（　　　）犯人を見て、胸の支えを（　　　）様子だった。
3. （　　　）を戻すのはもはや無理と踏んだ夫が、離婚の申し出に応じるや否や、彼女はまるで（　　　）が落ちたかのように生き生きとし始めた。
4. 生意気な（　　　）ばかり利くアルバイト店員にしびれを切らした店長は、「そんな態度では社会に出てから（　　　）に遭うぞ」と叱責した。
5. 献身的な（　　　）も虚しく息子が亡くなると、動転した両親は、医療チームに対して的外れの（　　　）を繰り返した。
6. 香ばしい（　　　）に誘われてふらふらと店内に入ると、クラスのマドンナがいたものだから絶好の（　　　）とばかりに声をかけた。

第25課

Ⅰ．ニュアンスの違いを意識してみましょう。
1. 次の文には「わざと」「わざわざ」のどちらがより適切ですか。
   ・慰謝料をせしめることを目的に（　　　）車にぶつかる輩がいる。
   ・（　　　）お越しいただいたのに、あいにく主人は今留守にしております。
   ・いつも威張っている上司を困らせるために、社内のプレゼンで（　　　）失敗した。
   ・通販だと（　　　）お店に足を運ばずに物が買えるので、つい買いすぎてしまう。
2. 「わざと」「わざわざ」をどう使い分けているか考えてみましょう。
   わ ざ と：
   わざわざ：

Ⅱ．A、Bどちらの状況が与えられた表現に適していますか。Cはどちらかを使って文を完成してください。
1. ［財布の底をはたく　／　すっからかんになる］
   A：賭け事好きの息子は、友達に唆されて学費に送金してやったお金をはたいて馬券を買ったが、全て外れ、途方に暮れていると言ってきた。
   B：玩具売り場で、子どもが泣いてぬいぐるみをねだるので、手元にわずかしか残らないことは分かっていたが、買ってやった。
   C：見るだけのつもりが、涼しそうなデザインに惹かれ、給料日までまだ二週間もあるのに（　　　）買ってしまった。
2. ［舵を取る　／　音頭を取る］
   A：大震災後、首相はリーダーシップを発揮して、混乱する関係省庁、自治体の連携を見事に図り、わずか一年で復興を成し遂げた。
   B：卒業後十年を記念する同窓会は、学級委員だったBが、全国に散らばっている同窓生一人ひとりに声を掛けて実現した。
   C：一人の高校生が（　　　）始まった、施設にランドセルを送る運動が呼び水になって、あっという間に全国で同様の運動が始まった。

第25課

3. [タッチの差 ／ 紙一重の差]
   A: 昨春の県会議員選挙は現職と元職が大変な激戦を演じ、わずか十票の差で、当選と落選に分かれた。
   B: 朝寝坊して、顔も洗わず歯も磨かず駅まで必死に走ったが、電車に飛び乗る寸前に、目の前でドアが閉まってしまった。
   C: 語り部活動を続けているCさんは、講演会で、戦争の苦しみを味わったのは皆同じで、生きるも死ぬも（　　　　）の時代だったと涙ながらに語った。

III. 次の（　）に適当な助詞を入れ、a～cをd～fと結んで文を完成してください。

例)

これまでのことは、何もかも [a]	水	[d]（を）さされてしまって、やる気が失せた。
せっかくのアイディアだったのに、[b]		[e]（を）あけられて平社員と課長だ。
人生のスタートラインは同じだったのに、今ではすっかり [c]		[f]（に）流して、一からやり直そう。

答　[a]―[f]　　[b]―[d]　　[c]―[e]

1.

帰ったら、家族も家財道具も [a]	影	[d]（　　）形もなかった。
彼は小学校の頃は、目立たず [b]		[e]（　　）差し始めた。
スキャンダルが原因で、人気に [c]		[f]（　　）薄かった。

答　[a]―[　]　　[b]―[　]　　[c]―[　]

2.

今日こそは、彼と会って [a]	話	[d]（　　）ならない。
その成績で、A大学進学なんて [b]		[e]（　　）つけよう。
その金額では、当初の約束と [c]		[f]（　　）違うではないか。

答　[a]―[　]　　[b]―[　]　　[c]―[　]

IV. （　）に適当な言葉を選んで入れ、文章を完成してください。

　奈良が選んだマスコット「せんとくん」は、奈良県民はもとより、県外からも悪評ふんぷんの中で誕生した。その「せんとくん」、今や、至る所で我がイベントに少しでも顔を出していただければ（　　　）と、VIP扱いである。
　似たような話は、他にもある。カナダのバンクーバーにスタンレーパークという広大な公園がある。市民の反対を（　　　）撥ねつけた当時の市長スタンレー氏が、将来を（　　　）遺した公園で、今では、市民ばかりか、世界中から訪れる観光客の大きな安らぎの場になっている。大阪市を南北に貫く御堂筋開通についても、周りの意見に（　　　）ことなく我が意を通した大阪市長の（　　　）ような情熱が今に伝えられている。スタンレー市長は言うまでもなく、「せんとくん」や「御堂筋」に隠れはしても、市長たちの業績は、歴史の一ページに記され、後の世代に伝えられる。
　周りからは（　　　）に言われ、（　　　）の中で、それでも自らの信じる所を貫く市井の有名、無名のヒーローたちが、文化も歴史も作っていくのであろう。

　　　　［悪しざま　阿る　御の字　頑として　四面楚歌　迸る　見越す］

V. （　）に言葉を補って、文を完成してください。
1. 多大な経済効果をもたらし、来場者一千万人と好評を（　　　）「菓子博」が閉幕し、浮足立っていたこの街もようやく落ち着きを（　　　）つつある。
2. 幼い娘が小さな寝息を（　　　）寝ているのを見つめながら、ついうとうとしてしまい、「パパ、いつ帰ったの」と小首を（　　　）ながら聞く娘の声で目を覚ました。
3. 政界で俄かに（　　　）を利かせ始めた大臣の就任パーティの（　　　）に与ろうと、大量の名刺を持って馳せ参じたものの、参加者の少なさに興醒めした。
4. 病魔に侵された彼女が不安を払拭するかのようにひたすら仕事に（　　　）を出している姿に、同僚たちは（　　　）をしばたたかせて驚きの表情を浮かべた。
5. 最近まで浮いた（　　　）ひとつなかった娘だが、最近やけに帰りが遅いと思っていたら、神妙な（　　　）で「会ってもらいたい人が...」と持ち掛けてきた。
6. 前回の新製品発売では、発売直前に他社に先を越されたこともあり、今回は細心の（　　　）を払って、正に絶妙の（　　　）で発売して意趣を晴らした。

第26課

Ⅰ．ニュアンスの違いを意識してみましょう。
1. 次の文には「たぶん」「たしか」のどちらがより適切ですか。
   ・A氏に初めてお会いしたのは、（　　　　）学会の懇親会だった。
   ・今の学力では、A大学の合格は（　　　　）無理だと思うよ。
   ・以前、ここには（　　　　）古びたビルが建っていたと記憶していますが、違いますか。
   ・今日のことは（　　　　）一生忘れることはできないでしょう。
2.「たぶん」「たしか」をどう使い分けているか考えてみましょう。
   たぶん：_____
   たしか：_____

Ⅱ．A、Bどちらの状況が与えられた表現に適していますか。Cはどちらかを使って文を完成してください。
1. ［日の目を見ない　／　お釈迦になる］
   A：パソコンの操作ミスで、遺跡の調査中に撮りためた貴重な記録写真が、全て駄目になってしまった。
   B：開発チームが五年かけて研究を重ねて、やっと製品化の目処が付いた新しいタイプの車だったが、会社の営業不振で発売は無期延期となった。
   C：社長の鶴の一声で、今の経費の半分で済む太陽発電システムの開発を進めるべくプロジェクトチームを編成したが、突然の社長交代劇で（　　　　）。
2. ［死線をさまよう　／　九死に一生を得る］
   A：A氏は、熱中症で意識不明になり、医者から今日が峠だ、今夜を乗り越せばと言われ続けて、五日間も家族をハラハラさせた。
   B：B氏は、末期がんで一時は死を覚悟したが、移植手術の後、驚異的な回復力を見せ、先月退院した。
   C：幼児がマンションの屋上から転落したが、途中で木の枝に引っかかり（　　　　）というニュースが大きく取り上げられた。

第26課

3．［機に乗じる ／ 時を得る］
　A：A社が開発した商品は、奇抜なデザイン、特異な色使いで、既存の商品に飽きた今時の若者の心を捉え、一気に人気が出た。
　B：量販店Bは、消費者の節電指向を見逃さず、消費電力の低い製品を店頭に並べたところ、売れ行きが二倍に伸びた。
　C：地味な芸風で鳴かず飛ばずだった漫才コンビが、（　　　）、今ではテレビのレギュラー番組を週六本も持つようになった。

Ⅲ．次の（　）に適当な助詞を入れ、a～cをd～fと結んで文を完成してください。
例）

これまでのことは、何もかも　[a]	水	[d]（を）さされてしまって、やる気が失せた。
せっかくのアイディアだったのに、[b]		[e]（を）あけられて平社員と課長だ。
人生のスタートラインは同じだったのに、今ではすっかり　[c]		[f]（に）流して、一からやり直そう。

　　　　答　[a]―[f]　　[b]―[d]　　[c]―[e]

1.

同僚のミスを発見しただけで　[a]	鬼	[d]（　）笑うよ。
丈夫な彼が熱で休むとは、まさに　[b]		[e]（　）首でも取ったような言い方だ。
彼は、将来の夢ばかり語っているが　[c]		[f]（　）かく乱だ。

　　　　答　[a]―[　]　　[b]―[　]　　[c]―[　]

2.

初出場で優勝とは、彼の実力は　[a]	底	[d]（　）浅い。
想定外の売りが出て、株価は　[b]		[e]（　）割った。
一人前のことを書いているようで、案外　[c]		[f]（　）知れない。

　　　　答　[a]―[　]　　[b]―[　]　　[c]―[　]

第26課

Ⅳ.（　　）に適当な言葉を選んで入れ、文章を完成してください。

　大学合宿で、日頃料理などしたこともない部員が班に分かれて、(　　　)を整えて食事に取り掛かった。私は、総監督役を(　　　)、傍観することにした。しばらく(　　　)として準備を進めていたが、そのうち、あちこちで大騒ぎが始まった。「かしましい」の漢字は、「女」を三つ並べてもいいなと、(　　　)の私は、愚にもつかないことを考えながら学生たちを見ていたが、面白いことに気づいた。

　男子学生が一人(　　　)手つきで、俎板の豆腐に向かっているのを除いては、みんな片手に豆腐を乗せて包丁を使っているのである。作業を進める学生の輪に(　　　)、どこで覚えたかと尋ねると、「母を見て」「祖母が...」と答えが返ってきた。小刀の代わりに、鉛筆削りを使って育つという安全第一教育時代の申し子たちが、大胆不敵にも素手にのせた豆腐を包丁で切っている。

　文化は、こうして毎日の生活の中で脈々と伝承されていくのだと、空腹のせいか今は(　　　)そうに立ち働く学生たちを尻目に、私は、場違いなことを考えていた。

[気ぜわしい　決め込む　心許ない　手持無沙汰　身支度　和気藹藹　割って入る]

Ⅴ.（　　）に言葉を補って、文を完成してください。

1. 普段は順を追って話すのに、よほど動揺しているのか、今日の彼は、まったく要領を(　　　)ので、筋道を(　　　)話せと諭した。
2. 「ご多分に漏れず、我が社も不況の煽りを(　　　)...」と語るものの、所詮先方は大企業、悪化の一途を(　　　)私の会社とは雲泥の差だ。
3. 延命治療で全身をチューブでつながれた父の横で、「遺産はいくらだろう」と良からぬ思いが(　　　)を擡げ、次の瞬間(　　　)に堪えない気分になった。
4. くすぶっていた家から、突然ゴーッという音とともに(　　　)が上がり、遠巻きにしていた、野次馬の間に(　　　)が走った。
5. 四月になろうというのに、外は身を切るような(　　　)で、人々はコートの襟を立てて、火急の(　　　)でもあるかのような早足だ。
6. 破竹の(　　　)で予選を突破してきた同士の大一番とあって、選手たちがベンチから出てくると、地鳴りのような(　　　)が球場に響いた。

第27課

I. ニュアンスの違いを意識してみましょう。
 1. 次の文には「さっそく」「すぐに」のどちらがより適切ですか。
   ・せっかくですから、(   )いただくことにしましょう。
   ・申し訳ございません。(   )新品と交換させていただきます。
   ・ご注文ありがとうございます。(   )郵送させていただきます。
   ・課長更迭のニュースは、(   )課員の間に伝えられた。
 2. 「さっそく」「すぐに」をどう使い分けているか考えてみましょう。
   さっそく：
   すぐに：

II. A、Bどちらの状況が与えられた表現に適していますか。Cはどちらかを使って文を完成してください。
 1. [火中の栗を拾う ／ 危ない橋を渡る]
   A：今期で退職して悠々自適の生活をするつもりだったが、不祥事続きの部署を立て直してほしいと乞われ、泥をかぶること承知で、最後のご奉公をすることにした。
   B：企業家Bは、若手と呼ばれていた頃から一貫して、商取引法違反に問われるぎりぎりで、事業を拡大して今日を築いた。
   C：C氏は、海千山千の政商で、時の政権と微妙な距離を保ちながら(   )経歴の持ち主だから、これぐらいのことではビクともしない。
 2. [物になる ／ 実を結ぶ]
   A：高校卒業後すぐに大工の棟梁に弟子入りして苦節十年、最近漸く、若い者を束ねて現場を任されるようになった。
   B：高速道路建設反対の運動を三年間続けてきた甲斐があって、とうとう議会が建設中止の議決をするところまで追い込んだ。
   C：入社時代から目をかけてきたCが、三年経っても一件の新規契約も取れないので、課長は、ここでは(   )と、とうとう匙を投げてしまった。

第27課

3. ［根を断つ ／ 芽を摘む］

A: 子供が悪い影響を受けないように、小学校の低学年のうちから親が目を光らせるべきだということで、PTAにネット規制を考える会ができた。

B: B党は、政治の腐敗を完全に解決するには、企業、団体からのいかなる献金も一切禁止すべきだとして新法の制定を主張した。

C: 大方のNGOが主張するのは、貧困の（　　　　）限り、農村部の子供の身売りはなくならないということだが、そうだろうか。

Ⅲ. 次の（　）に適当な助詞を入れ、a～cをd～fと結んで文を完成してください。

例）

これまでのことは、何もかも [a]	水	[d]（を）さされてしまって、やる気が失せた。
せっかくのアイディアだったのに、[b]		[e]（を）あけられて平社員と課長だ。
人生のスタートラインは同じだったのに、今ではすっかり [c]		[f]（に）流して、一からやり直そう。

答　[a]—[f]　[b]—[d]　[c]—[e]

1.

火	（　）ついたように [a]	[d] 彼の一言で、そこから大騒動になった。
	（　）通せば [b]	[e] 大丈夫と、母は冷蔵庫の中をさらいだした。
	（　）油を注いだのは [c]	[f] 泣き出した子どもの顔には、虫が這っていた。

答　[a]—[　]　[b]—[　]　[c]—[　]

2.

徹夜で続けた労使交渉も、双方の歩み寄りで、やっと [a]	山	[d]（　）かけて臨むしかなかった。
時間がなくて、今度の試験は [b]		[e]（　）見えてきた。
ICUで死線をさまよっていたが、なんとか [c]		[f]（　）越した。

答　[a]—[　]　[b]—[　]　[c]—[　]

IV. ( )に適当な言葉を選んで入れ、文章を完成してください。

　やっと届いた救援物資を(　　　　)ようにして、インタビューに答える避難所生活のお年寄りの姿を見ていて、私は、何の(　　　　)もなく、何年も前に見た映画の一シーンを思い出した。

　年老いた女性が、地べたに小さな袋を並べて、(　　　　)やってくる観光客に、小鳥の餌を売っているシーンである。「言葉数は少ないけれど...」と始まる哀調を(　　　　)挿入歌は「みなさん耳を貸してください。小鳥たちに、餌を買ってやってください。一袋たったの二ペンスです」と続く。

　(　　　　)命だけれど、私の命も小鳥の命も、そして、あなたの命も、みんな同じ命。大切に大切に(　　　　)、育んでいこうよ。与えられた一つの命が、その役割を終えるまでみんなの力で生かしていきましょう。かけがえのない命だから。

　その類稀なる美声で世界中のミュージカルファンを魅了した大女優の歌う声と疲れ切った避難所の女性の声は、(　　　　)比べるべくもないが、「たった一つ、かけがえのない命をみんなで大切に」との心の叫びが、私に伝わってきたのかもしれない。

［いただく　いとおしむ　帯びる　三三五五　取るに足らない　脈絡　もとより］

V. ( )に言葉を補って、文を完成してください。
1. 「この暑さでは食事も喉を(　　　　)から」と言って、私を蕎麦屋に誘った割には、祖父は、ざる蕎麦一尺に天ぷらまで付けて、大いに健啖家ぶりを(　　　　)。
2. ついに与党内部からも首相下ろしの声が高まり、首相は反旗を(　　　　)議員に対しては処分もやむなし、今後の政権運営では一線を(　　　　)と明言した。
3. チャンピオンは、自分を(　　　　)にするような若い挑戦者の罵詈雑言に、思わず(　　　　)を掻き立てられ、挑戦を受けることを表明した。
4. 社長になるほどの人物は、我々などとは(　　　　)が違うのかと思いきや、酔いが回ると(　　　　)を発して、周りを愕然とさせた。
5. 名前が読み上げられ、会場からやんやの(　　　　)が浴びせられると、彼は客席に向かって一礼し、上気した(　　　　)で主演男優賞受賞の謝辞を述べ始めた。
6. 鉄壁の(　　　　)を称賛されたチームも、凱旋帰国するやマスコミ攻勢にさらされ、持ち前の(　　　　)はどこへやら、たじたじの体だった。

第28課

I．ニュアンスの違いを意識してみましょう。
1. 次の文には「じっくり」「ゆっくり」のどちらがより適切ですか。
   ・この料理をおいしく作る秘訣は、焦がさず（　　　　）ことこと煮込むことです。
   ・被告人は、事件の犯行動機を（　　　　）話し始めた。
   ・疲れている時は、（　　　　）としたテンポの音楽を聴くと良いそうだ。
   ・巷で話題になっている小説を購入し、最初から最後まで（　　　　）読んでみたが、私にはその良さが全く理解できなかった。

2. 「じっくり」「ゆっくり」をどう使い分けているか考えてみましょう。
   じっくり：
   ゆっくり：

II．A、Bどちらの状況が与えられた表現に適していますか。Cはどちらかを使って文を完成してください。
1. ［火が消えたよう　／　歯の抜けたよう］
   A：駅前の商店街は、不況で店が次々にシャッターを下ろし、今では、営業している店は、飛び飛びにしか残っていない。
   B：新型インフルエンザの流行で、公園にはいつもの子供たちやお年寄りの姿もなく、ひっそりとしている。
   C：オリンピックマラソンに金メダル候補が出場するとあって、その時間になると席を立つ者が続き、会議場は（　　　　）だった。

2. ［一再ならず　／　止め処がない］
   A：もう遠い昔のことなのに、いったん当時の話を始めると、つい昨日のことのように思い出すのか、祖母の目からは次々に大粒の涙があふれ出た。
   B：Bさんは、今日まで勤め上げることができたのは、同僚をはじめ、周りの人たちに何度も何度も手を差し伸べてもらったからだと謝辞を述べた。
   C：暴力団関係者をマンションから追放するまでには、住民たちの地道な運動が続けられ、警察の手を煩わすことも（　　　　）あった。

第28課

3. [笑い事ではない ／ 他人事ではない]

A: 同僚は私のダイエットの失敗談を馬鹿にするが、私にしてみれば、医者から体重を減らすことがまず第一だと言われ、必死である。

B: 就職先が決まらないまま卒業式を迎える大学生が多いとニュースで聞き、来年四年生になる息子のことが案じられた。

C: 課長がぎっくり腰で休むと聞いて、若い社員達は、接待ゴルフのやり過ぎだと冷淡な反応だったが、その辛さを経験している私には、（　　　　）。

Ⅲ．次の（　）に適当な助詞を入れ、a～cをd～fと結んで文を完成してください。

例）

これまでのことは、何もかも [a]	水	[d]（を）さされてしまって、やる気が失せた。
せっかくのアイディアだったのに、[b]		[e]（を）あけられて平社員と課長だ。
人生のスタートラインは同じだったのに、今ではすっかり [c]		[f]（に）流して、一からやり直そう。

答　[a]—[f]　[b]—[d]　[c]—[e]

1.

（　）捨てて、山にこもり [a]	世	[d] 華々しく文壇にデビューした。
（　）聞こえた美女だった娘は [b]		[e] 王に乞われて、宮中に上がった。
（　）忍んでいたはずの彼が [c]		[f] 毎日読経三昧の日々だ。

答　[a]—[　]　[b]—[　]　[c]—[　]

2.

父は、可愛い娘に [a]	虫	[d]（　）殺さないような顔で法廷に座っている。
取り立てて何とは言わないが、彼だけはどうも [b]		[e]（　）つかないか心配でたまらない。
彼女は、残虐行為を繰り返したようには見えず [c]		[f]（　）好かない。

答　[a]—[　]　[b]—[　]　[c]—[　]

第28課

IV. （　）に適当な言葉を選んで入れ、文章を完成してください。

　私が毎日使う通勤電車に、決まって乗ってくる白髪の紳士がいた。特段目立つ容貌をしているわけでも、（　　　）なふるまいがあるわけでもない。私がその人に目を引かれたのは、いつも片手にしている英語の週刊誌である。

　学生時代に精魂込めて身につけた英語力を買われて、今英語教師の（　　　）である私には、英語週刊誌に目を通す紳士の様子が、気になって仕方がなかった。最近は忙しさに（　　　）、手にすることは稀になったが、かつては、何とか英語力を高めようと一生懸命に読んでいたあの雑誌は、（　　　）で読み飛ばせるようになる代物じゃない。知識を（　　　）ようなこれ見よがしの所作は、気障なおっさんが恰好をつけてるのに違いない。そう納得をしようと思っていたが、腰を下ろすと（　　　）週刊誌を開いて、真剣に文字を追うあの姿は、とてもではないが、演技とは思えない。次第に、（　　　）ではない、何とか機会を作って、一度話してみようと思うようになっていた。

　その白髪の紳士が、ある日を境に突然姿を見せなくなった。

　　　　［一朝一夕　かまける　奇矯　只者　端くれ　ひけらかす　やおら］

V. （　）に言葉を補って、文を完成してください。

1. 難航すると予想できたので、会議の前に一応布石を（　　　）おいたが、案の定、社長の不用意な一言で会議は暗礁に（　　　）、収拾がつかなくなった。
2. 人間関係が複雑に絡み合った交渉事では、いち早く相手の意図を（　　　）ことが肝要で、そうでなければ恨みを（　　　）結果になってしまう。
3. 警察の世話になっていることなど、（　　　）にも出すことができず、ただひたすらしばらく（　　　）がないのでと言い続けて、その場をやり過ごした。
4. 硬直した労使交渉になんとか（　　　）を開けようと、あれやこれや試みたものの、経営者側の（　　　）も譲ろうとしない姿勢に、組合側はたじたじだった。
5. なんとかみんなの輪に入ろうとする新人社員の健気な（　　　）が目に入っていると思われるのに、課長は平気で聞こえよがしの（　　　）をしている。
6. A氏がいかに強かな（　　　）かが分かるのは、普通の人なら怒り出すような微妙な話題になっても、いかにも捌けた（　　　）で受け流している時だ。

第29課

Ⅰ. ニュアンスの違いを意識してみましょう。
1. 次の文には「いつの間にか」「知らぬ間に」のどちらがより適切ですか。
    ・あたりは、(　　　　)夜の帳に包まれ、だんだん心細くなってきた。
    ・父の好みに合わせていたら、(　　　　)それに馴染んでいたと、母が話してくれた。
    ・風が吹き始めたと思ったら、(　　　　)空は真っ黒な雲に覆われていた。
    ・一生懸命話していたら、(　　　　)涙が零れて、頬を濡らしていた。
2. 「いつの間にか」「知らぬ間に」をどう使い分けているか考えてみましょう。
    いつの間にか：
    知らぬ間に：

Ⅱ. A、Bどちらの状況が与えられた表現に適していますか。Cはどちらかを使って文を完成してください。
1. ［暖簾に腕押し ／ 柳に風］
    A：なんら落ち度がないのだから、策を弄さず、自然体でさらっと受け流すという部長の対応に、相手側が折れたのか、執拗な抗議はパタッと止んだ。
    B：何とか理解してもらおうと、あの手この手で説明してみたが、学生たちの反応は鈍く、さすがの私も、あきらめの心境にならざるを得ない。
    C：これまでの交渉は(　　　　)。準備万端整えても、出てくる交渉相手が下っ端役人ばかりで、さっぱり要領を得ず、成果と呼べるものは一つもなかった。
2. ［夜を徹する ／ まんじりともせず］
    A：地元の経済に大きな影響を及ぼす幹線道路とあって、復旧のための突貫作業は、休む間なく行われ、翌日には開通の運びとなった。
    B：夜遅くなってから娘が、地震の影響で電車が不通となり、徒歩で帰ると連絡してきたので、主人と二人テレビの画面に釘付けになりながら、帰りを待った。
    C：誘拐犯人から、いつ電話があるか分からないので、捜査関係者は、(　　　　)おろおろするばかりの両親を宥めつつ、必要な手を打ち続けた。

第 29 課

3. ［机上の空論　／　絵に描いた餅］

A: 市の生まれ変わりをマニフェストに当選した市長は、早速庁舎に「十年後のA市」というミニチュアまで作らせて展示したのに、何一つ手をつけることなく退陣した。

B: B氏が何度挑戦しても市長選に敗れてきたのは、弁舌爽やかに説く持論のどれも、現実味を持って有権者に訴えないからだ。

C: 湾の一部を埋め立てて、そこに電気を一切使わないで生活できる実験住宅を建てるということで、入居を希望する者まで募ったのに、実現せず（　　　）に終わった。

Ⅲ. 次の（　）に適当な助詞を入れ、a〜cをd〜fと結んで文を完成してください。

例）

これまでのことは、何もかも　[a]	水	[d]（を）さされてしまって、やる気が失せた。
せっかくのアイディアだったのに、[b]		[e]（を）あけられて平社員と課長だ。
人生のスタートラインは同じだったのに、今ではすっかり　[c]		[f]（に）流して、一からやり直そう。

答　[a]—[f]　[b]—[d]　[c]—[e]

1.

奇を衒った格好で人目を引くだけで全く　[a]	芸	[d]（　）細かい。
見えないところにまで装飾が施してあり、非常に[b]		[e]（　）磨くべきだ。
この道で食べていきたいなら、更に　[c]		[f]（　）ない。

答　[a]—[　]　[b]—[　]　[c]—[　]

2.

いくら円高でも家族五人の海外旅行費用は　[a]	馬鹿	[d]（　　）ならない。
彼は仕事のできない先輩を、あからさまに　[b]		[e]（　　）みた。
親切に面倒を見ていた後輩に出し抜かれ、　[c]		[f]（　　）している。

答　[a]—[　]　[b]—[　]　[c]—[　]

IV. （　）に適当な言葉を選んで入れ、文章を完成してください。

　フロントガラスの上を慌てふためいた様子で動き回る蟻の姿が目に入った。それまでは、私がぼんやりしていたのか、蟻の方が（　　　）のピンチと、必死でガラスに（　　　）動かなかったのか、気が付かなかった。職場が近づくにつれて、この蟻君、私が職場に車を止めてからどうするのだろうか、と妙なことが気になり始めた。

　昨夜、家の駐車場で、車によじ登り、そのまま一泊したのに違いない。気がついたときには、もう（　　　）、一夜の宿が走り出していた。そして気がつくと、（　　　）、巣からはるか離れた別世界に連れて行かれる憂き目を見ることになってしまった。

　職場の駐車場で車を離れても、仲間はいないし、歩いて帰るなどは（　　　）できるはずもない。餌を探す場所だって、土地勘がないからあっちへ行ったりこっちへ行ったり。しまいには、行き倒れて、哀れ骸をさらすことになるのでは。私の（　　　）で、蟻は、人間なんかより、もっと生存本能が発達していて心配無用ならいいのだが。

　ともあれ、蟻一匹のことなどと、（　　　）ことができず、仕事が終わったら連れて帰ってやるから、車を離れるな。蟻に言い聞かせるようにして、車を離れた。
［後の祭り　否応なく　おいそれと　思い過し　絶体絶命　へばりつく　やり過す］

V. （　）に言葉を補って、文を完成してください。
1. 私の若い頃は、一人暮らしの弱みに（　　　）、お年寄りを相手に詐欺を（　　　）などは思いも及ばないことだった。
2. 先輩のとばっちりを（　　　）、公式試合出場停止処分を受けてしばらくは、戦意を（　　　）かに見えた選手たちが、今は、目の色を変えて練習に励んでいる。
3. 支店長は、よほど（　　　）が大きいのか、それとも、経営の才が欠如しているのか、今月も（　　　）が捌けず倉庫に山積みになっているのに顔色一つ変えない。
4. （　　　）を食うようになって五年だが、同僚のＡは最近になってやっと（　　　）を開いて何でも話し、相談してくれるようになった。
5. 何を相談してもつれない（　　　）しか返って来ず、頼りにならない課長だと思っていたが、今度ばかりは鮮やかな（　　　）で難問題を処理した。
6. 自称発明家のＡ氏は、捉えどころのない（　　　）で知られているが、それからは考えられないような手の込んだ（　　　）を発表して周りを唸らす。

第30課

I. ニュアンスの違いを意識してみましょう。
1. 次の文には「はたして」「やはり」のどちらがより適切ですか。
   ・予想はしていたが、犯人は（　　　　）ここに足を運んではいなかった。
   ・このままでは、（　　　　）どんな結末を迎えるのか、予想もつかない。
   ・今の状況では、（　　　　）社長の思惑通りになるのかどうか、判断は難しい。
   ・「蛙の子は蛙」というが、（　　　　）血筋は争えないものだ。
2. 「はたして」「やはり」をどう使い分けているか考えてみましょう。
   はたして：
   や は り：

II. A、Bどちらの状況が与えられた表現に適していますか。Cはどちらかを使って文を完成してください。
1. ［糠に釘　／　焼け石に水］
   A：今回の災害には、一億円の補助金ぐらいでは何の役にも立たない。地元住民からも桁が違うと強く抗議する声があげられている。
   B：息子にいくら勉強するように言っても、のらりくらり返事をするばかりで、一向に聞き入れようとしないので、父親はついに雷を落とした。
   C：巨額の不良債権を抱え、倒産の危機に陥っているC社の場合、いまさら少しぐらい収益が上がっても（　　　　）だ。
2. ［世間が狭い　／　世事に疎い］
   A：研究所勤務が長く学者肌のAは、総務に配属されてからは、常識に欠け対人関係で失敗する事が多く、社内で変人扱いされるようになった。
   B：Bは、研究一筋の技術者で、終日机に向かう生活が長いせいか、人付き合いが悪く、職場以外に知り合いがいない。
   C：（　　　　）母は、老後の安心な生活のために、金を預けてくれさえすれば儲かるというセールスマンの言葉に騙され、架空の会社に投資してしまった。

3. [旗色を鮮明にしない ／ 踏ん切りがつかない]
   A: 社内で海外進出をめぐり、推進派と慎重派の対立が続いているが、Aはどちらに賛成するか決めかね、曖昧な態度をとり続けている。
   B: 会社から海外勤務を打診されているが、子どもの教育や親の介護を考えると、なかなか決められず、返事を延ばし延ばしにしている。
   C: そろそろ恋人と結婚したいが、一人っ子同士の結婚で、双方の親の言い分がいろいろ食い違っていて、その間に挟まり、(　　　　)。

Ⅲ. 次の(　)に適当な助詞を入れ、a～cをd～fと結んで文を完成してください。

例)

これまでのことは、何もかも [a]	水	[d] (を)さされてしまって、やる気が失せた。
せっかくのアイディアだったのに、[b]		[e] (を)あけられて平社員と課長だ。
人生のスタートラインは同じだったのに、今ではすっかり [c]		[f] (に)流して、一からやり直そう。

答　[a]―[f]　[b]―[d]　[c]―[e]

1.

	(　)挟む余地もないほど [a]	言葉	[d]　感謝をどうにかして伝えたい。
言葉	(　)過ぎる彼に [b]		[e]　周囲が見かねて注意した。
	(　)余る [c]		[f]　激しくやりあっている。

答　[a]―[　]　[b]―[　]　[c]―[　]

2.

彼の言葉には、一言ひとこと [a]	味	[d] (　)ことをする。
一度楽をして金を手にしたものだから、すっかり [b]		[e] (　)占めてしまった。
残業をする私の机の上に、ビールを置いて帰るなんて [c]		[f] (　)ある。

答　[a]―[　]　[b]―[　]　[c]―[　]

第30課

IV. （　）に適当な言葉を選んで入れ、文章を完成してください。

久しぶりに帰省した娘が、一人暮らしで「新しく学習したことは...」と言って、両手の指をいっぱいに広げてみせた。

家にいるときは、家事の手伝いなど（　　　）することがなかった娘が、会社の寮で一人暮らしをせざるを得ない状況になって、これは（　　　）の人生勉強の場だ。これまでのすべて親がかりの生活と（　　　）、独り立ちするいい機会だ。しかし（　　　）だなと、心密かに危惧をしていた私は、それとなく耳を傾けた。

寮から車通勤を許されているという娘は、寮の駐車場に車を置いて、自分の部屋まで車の中の荷物をいかに一回で効率良く運ぶか。（　　　）料理自慢でも始めるのかと思っていたが、そうではなかった。独特の荷物運び術を（　　　）とかで、それを披露するために、両手をいっぱいに広げて見せたのだ。

車に荷物を残さず、一度で部屋まで運ぶために、カバンをこの指にかけて、レジ袋は一つのときはここ、二つ以上になったとき、軽ければこの指とこの指、重ければこちらの指。郵便受けに郵便が入っていたら、腋の下に挟んで、軽いときは口で...と、（　　　）「新しく学習したこと」レクチャーを続けていた。

［会得する　お誂え向き　決別する　金輪際　前途多難　てっきり　ひとくさり］

V. （　）に言葉を補って、文を完成してください。

1. くれぐれも努力をするようにと念を（　　　）先生の言葉を聞きながら、寝不足が続く私は、知らぬ間に舟を（　　　）。
2. 日ごろの言動から、周りには不審を（　　　）、信用できない人物だと言う人もいたが、まさか借金を（　　　）夜逃げをするなどとは思いもしなかった。
3. 忘年会が、漸く（　　　）に入ったと思って喜んでいたら、新入社員が（　　　）をなくすほどに酔って、上司に絡み始めた。幹事役は本当に気が休まらない。
4. 彼女が社長秘書に抜擢されたのは、少々難しいことを説明されても、（　　　）が早いし、誰に対しても（　　　）が柔らかいからだ。
5. Ａの人気の秘密は、若い者を引きつけて止まない軽妙な（　　　）とあの精悍な（　　　）に尽きる。
6. この地域の殺伐とした（　　　）は、遠い昔からいわれない（　　　）に苦しんだ人たちが、新天地を求めてこの地を捨てたからなのだ。

大学生、社会人の日本語応用力を伸ばす

使うことば 2

解 答 例

KENKYUSHA

【第1課】

Ⅰ．1. よぼよぼ／よろよろ
　　よぼよぼ：高齢者が体力がないために、力ない足取りで歩く様子
　　よろよろ：足取りがしっかりしておらず、倒れそうな様子
　　よたよた：足がもつれぎみでふらふらして、頼りない足取りで歩く様子
　2. べらべら／すらすら
　　べらべら：立て続けに喋る様子
　　すらすら：途中で引っかかったり、遅くなったりせずに話す様子
　　ぺちゃくちゃ：続けざまにうるさく喋る様子

Ⅱ．1. A：蛇の道は蛇　　B：毒を以って毒を制す　　C：蛇の道は蛇
　　「蛇の道は蛇」は、同類のもののすることは、他のものにはわからなくても、同類にはすぐわかるとことを表す。主に好ましくないことや後ろ暗い稼業に精通している場合に用いる。「毒を以って毒を制す」は、悪事を除くために、他の悪事を使うことを言う。
　2. A：腹を探る　　B：鎌をかける　　C：鎌をかけ
　　「腹を探る」は、それとなく相手の考えや気持ちを探る行為を指し、「鎌をかける」は、誘いをかけて相手に本当のことを言わせる行為を言う。
　3. A：墓穴を掘る　　B：身から出た錆　　C：墓穴を掘る
　　「墓穴を掘る」は、自ら原因を作って自分自身を破滅に導くことを言い、「身から出た錆」は、自分がした過失のために後で苦しむ、自業自得の行為を言う。

Ⅲ．1.

身	（を）退いて　　［a］		［d］応援した。
	（を）固めて　　［b］		［e］早く両親に孫の顔を見せてやりたい。
	（を）乗り出して［c］		［f］後進に任せる。

　　　答　［a］―［f］　　［b］―［e］　　［c］―［d］

　2.

歩き過ぎて　　　　　　　［a］		［d］（を）打った。
彼は、ハッとした顔で　　［b］	膝	［e］（を）突き合わせて相談した。
大切な問題なので　　　　［c］		［f］（が）笑う。

　　　答　［a］―［f］　　［b］―［d］　　［c］―［e］

Ⅳ．陣取る／食い入る／上ずった／出来栄え／へっちゃら／時代錯誤／したり顔

Ⅴ．1. 真に（受け）　　青筋を（立てて）
　2. うだつが（上がらない）　　睨みを（利かせている）
　3. （物）を言わせて　　（目）を疑った
　4. （猛威）を振るった　　（胸）が塞がれる
　5. 穿った（見方）　　鼻持ちならない（輩／奴）
　6. 薄氷を履む（思い）　　通り一遍の（ことば／文言）

【第2課】

Ⅰ．1. へらへら／にたにた

へらへら：対象を見くびって、だらしなく笑う様子
にたにた：心の中にある好ましくない喜びを表情に出して、薄気味悪く、声を出さず笑う様子
にやにや：意味ありげに薄気味悪く、笑う様子
2. まじまじ／じろじろ
まじまじ：目を据えて、一心にじっと見つめる様子
じろじろ：真っ向から遠慮なく見つめる様子
しげしげ：何度も何度も繰り返し、じっと見つめる様子

Ⅱ．1. A：二進も三進も行かぬ　　B：抜き差しならぬ　　C：二進も三進も行かぬ
「二進も三進も行かぬ」は、窮地に追い込まれて動きがとれず前に進めない様を表し、「抜き差しならぬ」は、他との関係によって事態が深刻になり、身動きが取れなくなる様を言う。
2. A：瓢箪から駒　　B：棚から牡丹餅　　C：瓢箪から駒
「瓢箪から駒」は、意外なことから思いがけない結果になることを言い、「棚から牡丹餅」は、何もしないのに幸運に恵まれることを言う。
3. A：裏をかく　　B：一杯食わす　　C：裏をかいて
「裏をかく」は、相手の予想しない行動に出ることを言い、「一杯食わす」は、相手をうまくだます行為を言う。

Ⅲ．1.

胸	（が）詰まって [a]		[d]小さい頃の辛い経験が蘇ってきた。
	（に）しまっていた [b]		[e]旅先での恋も、今や昔の物語だ。
	（を）焦がした [c]		[f]スピーチができなくなってしまった。

答　[a]―[f]　[b]―[d]　[c]―[e]

2.

あの人に食べてもらおうと [a]		腕	[d]（が）鳴る
今度師匠に会うまでに [b]			[e]（を）ふるった。
材料を前に何を作ろうかと [c]			[f]（を）磨くと誓った。

答　[a]―[e]　[b]―[f]　[c]―[d]

Ⅳ．あわや／右往左往／いがみ合い／取り合う／形無し／際どい／引っ張り凧

Ⅴ．1. 度肝を（抜く）　名を（馳せる／知らしめる）
2. 箔を（付け）　お眼鏡に（適い）
3. （間／関係）を取繕う　（溝）は埋まらなかった
4. （烙印）を捺された　（疑惑／嫌疑）を払拭すべく
5. 澄み渡る（空）　血塗られた（伝説／歴史）
6. 素っ頓狂な（声）　素っ気ない（態度／様子）

【第3課】

Ⅰ．1. のこのこ／ふらふら
のこのこ：都合の悪い時でも、平気で出てくる様子

ふらふら：何の考えもなしに行動する様子
　　のそのそ：鈍く、のろく歩く様子
　2. がつがつ／もりもり
　　ぱくぱく：勢いよく、口を何度も開け閉めして盛んに食べる様子
　　もりもり：勢いよく、たくさん食べる様子
　　がつがつ：空腹を満たすように、一気に貪るように食べる様子

Ⅱ．1. A：藪蛇　　　　　B：蛇足　　　　　C：蛇足
　　「藪蛇」は、余計なことをしたために悪い結果になることを言い、「蛇足」は、余分なもの、なくてもよいものの意。
　2. A：白をきる　　　B：口を拭う　　　C：白をきる
　　「白をきる」は、知っているのに知らないふりをすることを言い、「口を拭う」は、悪いことをしておきながら、そ知らぬふりをする様を言う。
　3. A：点数を稼ぐ　　B：胡麻を擂る　　C：点数を稼ぐ
　　「点数を稼ぐ」は、自分の評価をあげるため、相手に気に入られることをすることを言い、「胡麻を擂る」は、自分の利益のために、相手にお世辞を言ったり、媚びたりすることを言う。

Ⅲ．1.

むごい光景に思わず [a]			[d]（を）通した。
駄目だという父親の [b]	目		[e]（を）背けた。
学生の論文に [c]			[f]（を）盗んで抜け出した。

　　　　　答　[a]—[e]　　[b]—[f]　　[c]—[d]

　2.

	（を）鳴らして [a]		[d]吠え面をかかしてやりたい。
鼻	（を）へし折って[b]		[e]餌をねだる姿が可愛い。
	（に）つく [c]		[f]自信ありげな態度が嫌だ。

　　　　　答　[a]—[e]　　[b]—[d]　　[c]—[f]

Ⅳ．他言無用／消え入る／やり場のない／のさばらせて／名折れ／よしんば／罪滅ぼし

Ⅴ．1. 金切り声を（上げ）　　　角が（取れ）
　2. 落とし所を（探る）べく　　平行線に（終わった）
　3. （予断）を許さない　　　（平静）を装って
　4. （世渡り）が下手　　　　（貧乏籤）を引かされ
　5. 藁をもつかむ（思い）　　射貫くような（視線）
　6. 指折りの（秀才）　　　　雲泥の（差）

【第4課】

Ⅰ．1. ずけずけ／ずばずば
　　ずけずけ：遠慮なく、強い口調で思った通りのことを言う様子
　　ずばずば：相手に遠慮なく、思ったことや核心を衝いたことを言う様子
　　ずかずか：無遠慮に、荒々しく進み出る様子

2. さめざめ／めそめそ
   さめざめ：涙を流し、声をしのばせて泣く様子
   しくしく：勢いなく、哀れに泣く様子
   めそめそ：声をたてずに、弱々しく泣く様子

II．1. A：煮え切らない　　　　B：腕を拱く　　　　C：腕を拱いている
「煮え切らない」は、自分の考えをはっきり表さない様を言い、「腕を拱く」は、何もしないで傍観している様子を表す。

2. A：寄らば大樹の蔭　　B：長い物には巻かれよ　　C：長い物には巻かれよ
「寄らば大樹の蔭」は、頼るなら力のあるものに頼るほうが安全で利益も大きいことを言い、「長いものには巻かれよ」は、力のあるものや目上のものとは争わず、それに従ったほうが得策であるということを言う。

3. A：上前をはねる　　　　B：鞘を稼ぐ　　　　C：上前をはねる
「上前をはねる」は、他人の利益の一部を自分のものにする行為を指し、「鞘を稼ぐ」は、売買の仲介をする際生じた値段の差を自分の利益にする行為を言う。

III．1.

外の話声に	[a]		[d] （を）持たせた。
思わせぶりな態度で	[b]	気	[e] （を）揉んで結果を待った。
首尾よくやれたかどうか	[c]		[f] （を）取られて仕事が捗らなかった。

答　[a]—[f]　　[b]—[d]　　[c]—[e]

2.

	（を）売ってから	[a]	[d] 選挙に出たほうが得策だ。
顔	（を）綻ばせて	[b]	[e] 上司にこっぴどく叱られた。
	（に）泥を塗ったと	[c]	[f] 孫の学芸会の演技に見入った。

答　[a]—[d]　　[b]—[f]　　[c]—[e]

IV．表沙汰／端なくも／軽挙妄動／のし上がる／抜け道／正気の沙汰／内幕

V．1. 手間暇を（かけた）　　引っ込みが（つかない）
2. 弱みを（見せない）　　啖呵を（切った）
3. （目）を覆いたくなる　　（先）が思いやられる
4. （勝ち目）はない　　（顰蹙）を買った
5. 全幅の（信頼）　　見るに忍びない（姿）
6. 筆舌に尽くせぬ（苦労）　　下にも置かぬ（待遇）

【第5課】

I．1. ずたずた／ぼろぼろ
   ずたずた：細かく切れぎれになっている様子
   めためた：程度が甚だしい、めちゃくちゃな様子
   ぼろぼろ：古くなったりして、ひどく壊れている様子

2. どぎまぎ／たじたじ
   どぎまぎ：突然の出来事に慌てて、平静さを失い、まごつく様子

たじたじ：相手に圧倒されて、尻込みする様子
　　　どきどき：激しい運動や、恐れ、期待、不安などのために心臓の鼓動が早くなる様子
Ⅱ．1. A：開いた口がふさがらない　　B：二の句が継げない　　C：開いた口がふさがらない
　　「開いた口がふさがらない」は、あきれてものが言えない様を表し、「二の句が継げない」は、相手の言葉にあきれて、次に言うべき言葉が出なくなる様子を言う。
　　2. A：恩を仇で返す　　　　　　B：後脚で砂をかける　　C：恩を仇で返す
　　「恩を仇で返す」は、恩義のある人に対し、恩返しするどころか、かえって害を加えることを言い、「後脚で砂をかける」は、恩義のある人を裏切り、去り際に迷惑をかけることを言う。
　　3. A：堪忍袋の緒が切れる　　　B：業を煮やす　　　　　C：業を煮やして
　　「堪忍袋の緒が切れる」は、抑えてきた怒りが爆発することを言い、「業を煮やす」は、相手の態度がはっきりせず、いらだつことを言う。
Ⅲ．1.

言わなくてもいいことを他人の[a]		[d]（が）痛い思いをさせられた。
欠点をずばりと指摘されて　[b]	耳	[e]（に）入れる人がいる。
うわさがとうとう社長の　　[c]		[f]（に）届いてしまった。

　　　　　答　[a]―[e]　　[b]―[d]　　[c]―[f]

2.

	（が）早いから　　　　　　　[a]	[d]そこの良さが分かるはずだ。
足	（が）遠のいてしまって　　　[b]	[e]皆元気でいるのか分からない。
	（を）伸ばして訪ねてみれば　[c]	[f]今日のうちに食べたほうがいい。

　　　　　答　[a]―[f]　　[b]―[e]　　[c]―[d]

Ⅳ．折り目正しい／切り盛りする／当意即妙／左前／八方塞がり／節目／動ずる
Ⅴ．1. おだてに（乗り）　　つけを（払う）
　　2. 罠が（仕掛けられている）　　火を（付け）
　　3. （王手）をかけられた　　（檄）を飛ばした
　　4. （敵）に回した　　（地）に堕ちる
　　5. 端正な（顔立ち）　　水も漏らさぬ（周到さ／徹底ぶり）
　　6. 叩き上げの（職人）　　目の玉の飛び出るような（値段）

【第6課】

Ⅰ．1. ぬけぬけ／しゃあしゃあ
　　　ぬけぬけ：知っているのに知らないふりをしたり、ずうずうしいことを平気で言う様子
　　　しゃあしゃあ：恥を恥とも思わないで平気で、ずうずうしい様子
　　　おめおめ：自分の不始末や失敗を正さず、非難されても、恥ずかしいと思わないで、平気でいる様子
　　2. やきもき／はらはら
　　　やきもき：どうなることかと気を揉んでいらいらする様子
　　　はらはら：どうなることかと心配する様子

そわそわ：気持ちや態度が落ち着かない様子
Ⅱ．1. A：水をあける　　　　　B：群を抜く　　　　　　C：水をあけて
「水をあける」は、競争相手に差をつける様子を言い、「群を抜く」は、特に優れている様子を表す。
2. A：穴を埋める　　　　　B：尻を拭う　　　　　　C：尻を拭って
「穴を埋める」は、欠員や赤字を補うことを言い、「尻を拭う」は、他人の失敗や不始末などの後始末をすることを言う。後者には、迷惑をかけられたという気持ちが含まれる。
3. A：浮足立つ　　　　　　B：胸騒ぎがする　　　　C：胸騒ぎがする
「浮足立つ」は、不安や恐怖などで落ち着かなくなることを言い、「胸騒ぎがする」は、不吉な予感がすることを言う。
Ⅲ．1.

母はいつも私を叱って、弟の　　[a]	肩	[d]（で）風を切って歩いている。
末の娘も結婚し、ようやく　　　[b]		[e]（を）持ってばかりだ。
ガキ大将の彼は、子分を引き連れて[c]		[f]（の）荷が下りた。

答　[a]—[e]　[b]—[f]　[c]—[d]

2.

やれるだけやってみようと[a]	腹	[d]（を）括って危険な現場に臨んだ。
その場は謝ったが、　　　　[b]		[e]（が）据わっていて、ベテランの風格だ。
新人なのに彼は　　　　　　[c]		[f]（に）据えかねて、報復を考えている。

答　[a]—[d]　[b]—[f]　[c]—[e]

Ⅳ．誹謗中傷／泥仕合／僻んでいた／筋違い／あしらっていた／てんでに／巣食う
Ⅴ．1. 言いがかりを(つけ)　　後味の(悪い)
2. 当てに(して)　　びた一文も(払えない)
3. (人)を食った　　(罵声)を浴びせ
4. (癪)に障る　　(馬)が合う
5. 猫の手も借りたいほどの(忙しさ)　　束の間の(休息)
6. 円らな(瞳)　　健やかな(成長)

【第7課】

Ⅰ．1. ほそぼそ／もごもご
ほそぼそ：小声で話す様子
もごもご：口を十分に開けずに物を言う様子
ぶつぶつ：不平不満を呟くように言う様子
2. げらげら／けたけた
げらげら：しまりなく大声で笑う様子
けたけた：辺り憚らず、軽薄に笑う様子
からから：気持ちよさそうに、高らかに笑う様子
Ⅱ．1. A：急場を凌ぐ　　　　　B：窮すれば通ず　　　　C：窮すれば通ず

「急場を凌ぐ」は、差し迫った事態をどうにかして一時的に回避することを言い、「窮すれば通ず」は、行き詰ってどうにもならない状態になると、案外、打開策が見つかるものであることを言う。

2. A：懐を痛める　　B：自腹を切る　　C：懐を痛める

「懐を痛める」は、何かに自分のお金を使うとき、その額を負担に感じる様を表し、「自腹を切る」は、本来出す必要のない経費を自己負担することを言う。

3. A：間髪を容れず　　B：矢継ぎ早　　C：間髪を容れず

「間髪を容れず」は、間をおかず、ほとんど同時にする様子を表し、「矢継ぎ早」は、続けざまに素早くする様子を表す。

Ⅲ．1.

母は人目を避けて、　　　　[a]	声	[d]（が）弾んでいた。
合格を告げる電話口の向こうの[b]		[e]（を）呑んだ。
あまりの惨事を目にし、思わず[c]		[f]（を）殺して、泣いた。

答　[a]―[f]　　[b]―[d]　　[c]―[e]

2.

試験前なのにどうしても勉強に[a]	身	[d]（が）持たない。
あまりの恐怖に　　　　　　[b]		[e]（が）入らない。
こんなに忙しくては　　　　[c]		[f]（が）すくんだ。

答　[a]―[e]　　[b]―[f]　　[c]―[d]

Ⅳ．手痛い／常套手段／狙い目／にじり寄る／研ぎ澄ませて／思う壺／うまうまと

Ⅴ．1. けちを(付けられ)　やる気が(失せて)
2. 難色を(示した)　物別れに(終わった)
3. (経営)が傾いた　(功)を奏し
4. (場)をわきまえた　(意)に介す
5. 苦し紛れの(言い訳)　割高な(買い物)
6. 節くれだった(指／手)　涙ぐましい(努力)

【第8課】

Ⅰ．1. のろのろ／しずしず

そろそろ：静かにゆっくり進む様子
しずしず：静かに、ゆっくり、しとやかに進む様子
のろのろ：早く進まない様子

2. くどくど／ぐだぐだ

くどくど：同じことを繰り返し、しつこく言う様子
ぐだぐだ：とるに足らないことを長々と繰り返し述べる様子
がみがみ：荒々しく文句を言ったり、叱ったりする様子

Ⅱ．1. A：目先が利く　　B：目が利く　　C：目先が利く

「目先が利く」は、先の見通しが利くことを言い、「目が利く」は、ものの良し悪しを識

別する力があることを言う。
2. A：メスを入れる　　B：大鉈をふるう　　C：メスを入れて
「メスを入れる」は、メスで患部を切るように、禍のもとに切り込むことを言い、「大鉈をふるう」は、組織の改革や整理のために人員削減など思い切った処置をすることを言う。
3. A：泡を食う　　B：呆気に取られる　　C：泡を食って
「泡を食う」は、想定外のことに驚き慌てる様を表し、「呆気に取られる」は、意外なことに驚き呆れる様を言う。

Ⅲ．1.

無事の知らせを聞いて　[a]	胸	[d]（が）騒いだ。
別れのメッセージを　[b]		[e]（に）刻んで読んだ。
何か悪いことでもあったのではと[c]		[f]（を）撫で下ろした。

答　[a]—[f]　[b]—[e]　[c]—[d]

2.

いつも庇ってくれる兄には　[a]	頭	[d]（に）血が上った。
理不尽なことを言われ、　[b]		[e]（が）上がらない。
新しい上司は仕事ができて、本当に　[c]		[f]（が）切れる。

答　[a]—[e]　[b]—[d]　[c]—[f]

Ⅳ．引きも切らない／見るだに／折り紙つき／得意満面／立ちはだかる／鈴なり／悪びれた

Ⅴ．1. 銘を（打った）　　時間を（割いて）
2. 一世を（風靡した）　　物に（怖じない／動じない）
3. （活気）に満ちていた　　（苦境）に立たされている
4. （有終の美）を飾る　　（後事）を託す
5. ざっくばらんな（人）　　意に沿わない（縁談）
6. 引っ切りなしの（問い合わせ／苦情）　　手の付けようがない（有り様／状態）

【第9課】

Ⅰ．1. ばしゃばしゃ／ぴちゃぴちゃ
　　ばしゃばしゃ：何かで激しく続けざまに水を打ったとき、勢いで水が跳ね飛び散る音
　　ぴちゃぴちゃ：何か平面的な物で水を軽く何度か打った際に出る音
　　びしゃびしゃ：ぬかるんだ場所を歩く際に出る音
2. がたぴし／がちがち
　　がたぴし：粗悪な作りの家や家具を開け閉めした際に出るきしみ音
　　がちがち：硬い物が小刻みにぶつかり合う際に出る音
　　がたがた：硬くて重い物が揺れ動いて、周りの物と続けざまにぶつかり合う際に出る音

Ⅱ．1. A：けりを付ける　　B：出る所へ出る　　C：けりを付ける
「けりを付ける」は、容易に終わらなかったことに決着をつけることを言い、「出る所へ出る」は、決着をつけるため公の場所に訴え出ることを言う。

2. A: 上を下へ　　　　　B: 押すな押すな　　　　C: 上を下へ
「上を下へ」は、突発的なことが起こって、混乱している様を表現し、「押すな押すな」は、人が大勢押しかけて混雑している様を表す。

3. A: 洟もひっかけない　　B: 歯牙にもかけない　　C: 洟もひっかけない
「洟もひっかけない」は、まったく相手にしないことを言い、「歯牙にもかけない」は、まったく問題にしないことを言う。前者は人に対して使い、後者は事柄に対して使う。

Ⅲ．1.

社長の　　　　[a]		[d]（を）つく暇もなかった。
暗闇に身を潜め[b]	息	[e]（が／の）かかった人物ばかりで会議が行われた。
会議続きで　　[c]		[f]（を）殺して、見つからないようにした。

答　[a]—[e]　　[b]—[f]　　[c]—[d]

2.

	（を）切ったのは、[a]	[d]ついつい酒を過ごしてしまったからだ。
口	（が）滑ったのは　[b]	[e]町内会会長を務める初老の男性だった。
	（に）上ったのは　[c]	[f]例の事件のことばかりだった。

答　[a]—[e]　　[b]—[d]　　[c]—[f]

Ⅳ．桁外れ／意気揚揚／ほくそ笑んで／猪口才／お鉢が回って／苦肉の策／出る幕

Ⅴ．1. 拍車が（かかる）　　後れを（取る）
2. 便宜を（図った）　　地歩を（固めてきた）
3.（お株）を奪う　　（後釜）に座る
4.（鍋）をつつく　　（花）を咲かせる
5. 一方ならぬ（世話）　　拠ない（事情）
6. 札付きの（悪[わる]）　　物々しい（雰囲気／警備）

【第10課】

Ⅰ．1. がぽがぽ／ごほごほ
　　がぽがぽ：容器に入った液体が揺れ動く際に出る音
　　がばがば：液体が小さい口に勢いよく吸い込まれたり、勢いよく流れ出たりする際に出る音
　　ごほごほ：液体が空気と混ざり合いながら湧き出たり、吸い込まれたりする際に出る音

2. きいきい／ぎしぎし
　　ぎこぎこ：鋸を押し引きするような動作で、滑りが悪くて思うように道具が動いていない際に出る音
　　ぎしぎし：木でできた物に重みがかかり、擦れ合った際に出るきしみ音
　　きいきい：金属のような物同士が擦れ合った際に出る高音のきしみ音

Ⅱ．1. A: 酸いも甘いも噛み分ける　　B: 世故に長ける　　C: 酸いも甘いも噛み分けた
「酸いも甘いも噛み分ける」は、人生経験が豊かで、人情や世事に通じていることを言い、「世故に長ける」は、世の中の事によく通じ、世渡りがうまい様子を言う。

2. A: ふいにする　　　　　　B: 棒に振る　　　　　　C: ふいにした

「ふいにする」は、今までの努力や成果が全く無駄になることを言う。「棒に振る」は、努力や成果を自ら無駄にしてしまうことを言う。
3. A：付け上がる　　　　　　B：図に乗る　　　　　　C：図に乗って
「付け上がる」は、相手が寛大なのに付け込んで、思い上がることを言い、「図に乗る」は、思い通りに事が運んでいい気になることを言う。

Ⅲ．1.

子どもが自分でやろうとしているのに、つい[a]	手	[d]（に）負えない。
うちの子はいたずらで、本当に　　　　　　[b]		[e]（を）出してしまう。
飲酒に喫煙、うちの子は全くもって　　　　[c]		[f]（が）焼ける。

　　　　　答　[a]―[e]　　[b]―[f]　　[c]―[d]

2.

気	（を）回して、[a]	[d]今日ばかりは、会社に行きたくない。
	（が）咎めて、[b]	[e]余計な事をし、反対に叱られてしまった。
	（が）重くて、[c]	[f]本当のことを彼に言い出せない。

　　　　　答　[a]―[e]　　[b]―[f]　　[c]―[d]

Ⅳ．事もあろうに／囃し立てる／思いあぐねていた／捨て鉢／息巻いた／タライ回し／流言蜚語

Ⅴ．1. 痛い所を（衝かれ）　　だんまりを（決め込んだ）
　2. 修羅場を（潜り抜けた）　　罪を（被せ／着せ）
　3. （どじ）ばかり踏んでいる　　（汚名）をそそぐ
　4. （血）を引いた　　（反り／肌）が合わない
　5. 肩身の狭い（思い）　　律儀な（性格）
　6. 天井知らずの（高騰）　　ふてぶてしい（態度）

【第11課】

Ⅰ．1. きんきん／ぎりぎり
　　　ぎりぎり：紐状の物で何かを強く締め上げる際に出るきしみ音とその様子
　　　ぎゅうぎゅう：力一杯締め上げたり、引っ張ったり、捻ったり、詰め込んだりする際に出る音とその様子
　　　きんきん：高い金属音で聞く者を不愉快にさせる音の様
　2. ことこと／ぐつぐつ
　　　ことこと：弱火で鍋の物を煮る際に出る音
　　　ぐつぐつ：液体が沸き立っている際に出る音。またその様子
　　　くつくつ：物が煮える音

Ⅱ．1. A：大見得を切る　　B：大風呂敷を広げる　　C：大風呂敷を広げている／広げる
「大見得を着る」は、自信のあることを誇示する行為を示し、「大風呂敷を広げる」は、実現不可能な計画を立て、吹聴する行為を言う。
　2. A：暇を盗む　　B：暇に飽かす　　C：暇を盗んで
「暇を盗む」は、忙しいときにやりくりして他のことをする時間を捻出することを言い、「暇に飽かす」は、暇があるのにまかせて、何かをゆっくりすることを言う。

3. A：波紋を投じる　　　B：影を落とす　　　　　C：波紋を投じた
「波紋を投じる」は、静かなところに動揺を与えるきっかけを作ることを言い、「影を落とす」は、影が物を覆うように、不安や不吉を与えることを言う。

Ⅲ．1.

このたびの不始末で幹部すべての [a]	首	[d]（を）突っ込んでいる。
母はいつも他人の揉め事に [b]		[e]（に）縄をつけてでも連れて行こうとしている。
学校へ行きたがらない息子に対して[c]		[f]（が）飛んだ。

答　[a]―[f]　　[b]―[d]　　[c]―[e]

2.

彼女が最後に言った一言がどうしても[a]	胸	[d]（が）高鳴った。
部下の斬新な提案に [b]		[e]（を）突かれた。
大好きな彼の足音が聞こえてきて、 [c]		[f]（に）引っかかる。

答　[a]―[f]　　[b]―[e]　　[c]―[d]

Ⅳ．駄目出し／風前の灯／苦心惨憺／暴く／正面切って／徒に／解せない

Ⅴ．1. 手の内を（見せて）　　勝利を（手にした／収めた）
　　2. 相槌を（打ち）　　怒りが（込み上げた）
　　3. （講釈／訓示）を垂れる　　（座／場）が白ける
　　4. （年季）が入った　　（暖）を取っている
　　5. 一縷の（望み）　　あらん限りの（声）
　　6. 雲を掴むような（話）　　迫真の（演技）

【第12課】

Ⅰ．1. ごとごと／がちゃがちゃ
　　　ごとごと：移動にともなって、硬くて重い物が連続して触れ合った際に出る鈍い音
　　　がちゃがちゃ：硬くて軽い物が続けざまにぶつかった際に出る騒々しい高い音
　　　かたかた：硬い物が連続して触れ合った際に出る軽い音
　　2. ざあざあ／さらさら
　　　ざあざあ：水や雨など、液体が激しく流れ落ちる音
　　　さらさら：水が浅瀬を淀みなく流れる音
　　　さやさや：木の葉のような薄い物が、風に吹かれて軽く触れ合った際に出る音

Ⅱ．1. A：鼻歌交じり　　　B：お茶の子さいさい　　　C：お茶の子さいさい
「鼻歌交じり」は、鼻歌を歌いながら何かをする意で、浮き浮きした気分で物事をする様子を表し、「お茶の子さいさい」は、何の苦もなく容易に物事をする様を言う。
　　2. A：虫がいい　　　B：面の皮が厚い　　　C：虫がいい
どちらも自分の都合ばかりを考え行動する図々しい様を言うが、「虫がいい」は他人がその行為に呆れ、「面の皮が厚い」は他人がその行為を恥知らずだと思う。
　　3. A：覚えがめでたい　　B：一目置く　　　C：一目置かれている

「覚えがめでたい」は、目上の者に信頼され、目をかけられることを言い、「一目置く」は、他人が自分より優れていることに敬意を払うことを言う。

Ⅲ．1.

台所から漂ういい香りが [a]	鼻	[d]（を）くすぐる。
彼は私の作品を見て、馬鹿にしたように [b]		[e]（が）利く。
小さなヒントから犯人を割り出すとは本当に[c]		[f]（で）笑った。

　　　　　　答　［a］—［d］　［b］—［f］　［c］—［e］

2.

	（の）滲むような [a]	[d] 恐怖が、私を襲った。
血	（の）気が引くような [b]	[e] 思いで、悪い知らせを聞いた。
	（が／の）凍るような [c]	[f] 努力の結果、今の成功があるのだ。

　　　　　　答　［a］—［f］　［b］—［e］　［c］—［d］

Ⅳ．型破り／笑止千万／一丁前／居丈高／すげない／臆する／切り返し

Ⅴ．1. 大舞台に（立つ）　　思いを（叶える／遂げる）
　 2. 苦汁を（嘗めてきた）　　笑みを（こぼした／漏らした）
　 3. （腹／懐）を痛める　　（鳴り）を潜めて
　 4. （出任せ）を言い　　（大目玉）を食らった
　 5. 動かぬ（証拠）　　嵩にかかった（態度）
　 6. 身も蓋もない（言い方）　　杜撰な（仕事）

【第13課】

Ⅰ．1. わいわい／ざわざわ
　　　がやがや：大勢の人が口々にいろいろなことを言って少し騒がしい様子
　　　ざわざわ：声や音が騒がしくて、落ち着かない様子
　　　わいわい：大勢の人が口々に騒ぎ立てる様子
　 2. こちこち／かちかち
　　　かちかち：①極度に緊張して、体が自由に動かせない状態
　　　　　　　　②非常に硬い様子
　　　きちきち：時間的、空間的なゆとりがない様子
　　　こちこち：緊張のあまり、心のゆとりがなくなっている様子

Ⅱ．1. A：機先を制す　　　B：先鞭を着ける　　　C：先鞭を着けた
　　　「機先を制す」は、相手が何かをする前に、手を打ち有利な立場に立つことを言い、「先鞭を着ける」は、他人より先に着手することを言う。
　 2. A：盾に取る　　　B：隠れ蓑にする　　　C：盾に取って
　　　「盾に取る」は、言い訳や言いがかりの材料にすることを言い、「隠れ蓑にする」は、蓑を着ると体が消えて見えなくなるという言い伝えから、本質、正体を隠す手段として何かを利用することを言う。
　 3. A：アンテナを張る　　　B：網を張る　　　C：網を張った

「アンテナを張る」は、情報を得るための手段を取ることを言い、「網を張る」は、誰かを捕えるために待ち構えることを言う。

Ⅲ．1.

喉	（を）鳴らして　[a]	[d]ほど欲しかったが、手に負えるような値段ではなかった。
	（を）潤すために[b]	[e]ボトルの水を一気に飲んでしまった。
	（から）手が出る[c]	[f]レモンを齧る。

答　[a]—[e]　[b]—[f]　[c]—[d]

2.

明日のデートのことを思うと、	[a]	心	[d]（を）鬼にした。
大切な人に裏切られてから、誰にも	[b]		[e]（が）踊る。
かわいそうだが、甘えさせるとためにならないので、[c]			[f]（を）許さない。

答　[a]—[e]　[b]—[f]　[c]—[d]

Ⅳ．悪戦苦闘／工面／算段／いきおい／知れて／思いのほか／おもむく

Ⅴ．1. 手を（差し伸べ）　　得体が（知れぬ）
　　2. 一刻の猶予も（許さぬ）　　血相を（変え）
　　3. （軒）を連ねる　　（水）を打った
　　4. （先頭）を切って　　（舵）を切り始めた
　　5. 足の踏み場もない（散らかりよう）　　うしろ髪を引かれる（思い）
　　6. 打てば響くような（反応）　　惨憺たる（結果）

【第14課】

Ⅰ．1. もぐもぐ／もそもそ
　　　もぐもぐ：口をあまり開けずに物を噛んで、すぐに飲み込まない様子
　　　もそもそ：水分の少ない食べ物を食べたときの感覚
　　　もくもく：黙って何か一つのことをやり続ける様子
　　2. ちくちく／ねちねち
　　　ちくちく：先の尖ったもので何度も浅く刺す様子。またそのときの痛み。転じて聞き手の心に皮肉などが突き刺さる様子
　　　ねちねち：話しぶりやもののやり方が陰湿でしつこい様子
　　　くだくだ：何かを説明する際、その話し方が長くてまとまりがない様子

Ⅱ．1. A：奥歯に物が挟まる　　B：オブラートに包む　　C：奥歯に物が挟まった
　　　「奥歯に物が挟まる」は、思っていることをはっきり言わず、思わせぶりな態度を取る様子を言い、「オブラートに包む」は、相手を傷つけないように、直接的な表現を避け婉曲的に言う様を表す。
　　2. A：決まりが悪い　　B：穴があったら入りたい　　C：決まりが悪く
　　　どちらも恥ずかしく思う様子を言うが、「決まりが悪い」が面目が立たず、恥ずかしく感じる様を表すのに対し、「穴があったら入りたい」は、失敗をしてその場にいたたまれないほど恥ずかしい様を表す。
　　3. A：無駄飯を食う　　B：禄を盗む　　C：無駄飯を食っている

「無駄飯を食う」は、仕事もせずに無為に過ごすことを言い、「禄を盗む」は、たいした仕事もせずに高給を取ることを言う。

Ⅲ．1.

社長は、A氏を後継者にしようと昔から [a]		[d]（も）当てられない
あまりの惨状に [b]	目	[e]（を）かけていた。
父は、娘の連れてきた相手が自分の部下だったので[c]		[f]（を）剥いた。

答　[a]―[e]　　[b]―[d]　　[c]―[f]

2.

	（が）立たない [a]	[d] 耐えてきた結果、こうして報われた。
歯	（を）食いしばって [b]	[e] セリフで、彼女を振り向かせた。
	（の／が）浮くような [c]	[f] 相手だと戦う前からあきらめるのは良くない。

答　[a]―[f]　　[b]―[d]　　[c]―[e]

Ⅳ．しゃにむに／かねがね／かこつけて／昼夜兼行／お目こぼし／足手纏い／手なずければ

Ⅴ．1．差別化を（図ら）　　持論を（展開した）
　　2．成り行きを（見守っていた）　　成果が（上がらない／表れない）
　　3．（多忙）を極め　　（英気）を養い
　　4．（羽）を伸ばして　　（声／ことば）をかけて
　　5．人並み外れた（努力）　　芳しい（結果）
　　6．破格の（値段）　　贅を尽くした（もてなし）

【第15課】

Ⅰ．1．おろおろ／おたおた
　　おろおろ：予期せぬ驚きや悲しみに遭遇して取り乱し、右往左往する様子
　　おどおど：何かを恐れたり、過度に緊張したりしていて落ち着かない様子
　　おたおた：不意な出来事に遭遇して、物心ともに準備が整わず慌てる様子
　　2．くよくよ／うじうじ
　　くよくよ：悩んでも仕方がないことについて、いつまでもあれこれ悩む様子
　　うじうじ：決断すべきときに、思い迷ってなかなか決断できない様子
　　いじいじ：自らが劣っていると感じて、いじけているため、はっきりした態度がとれない様子

Ⅱ．1．A：辛酸を嘗める　　　B：泣きを見る　　　C：辛酸を嘗めてきた
　　「辛酸を嘗める」は、幾多のつらい経験をすることを言い、「泣きを見る」は、泣くような辛い結果になることを言う。
　　2．A：臭いものには蓋をする　B：闇に葬る　　C：闇に葬られた
　　「臭いものには蓋をする」は、内部の不正や醜いものが外に出ないように隠す行為を指し、「闇に葬る」は、外に知られてはまずいことをこっそり始末してしまう行為を言う。
　　3．A：毒気を抜かれる　　B：鳩が豆鉄砲を食ったよう　C：毒気を抜かれた
　　「毒気を抜かれる」は、相手をやり込めようと意気込んでいたところ、予想外の出方をされ気持ちが削がれる様を表し、「鳩が豆鉄砲食ったよう」は、突然のことに驚いて、

きょとんとする様を表す。

Ⅲ．1.

子どもの無邪気な仕草に、思わず	[a]	頬	[d]（が）削げてしまった。
人混みで思わぬ告白をされ、	[b]		[e]（が）緩んだ。
彼は過労で痩せて	[c]		[f]（を）染めた。

答 [a]―[e] [b]―[f] [c]―[d]

2.

帰郷の日が楽しみで、	[a]	指	[d]（を）触れさせない。
可愛い娘だから、誰にも	[b]		[e]（を）くわえて見ていた。
皆が楽しそうにしているのを、ただ	[c]		[f]（を）折って待っていた。

答 [a]―[f] [b]―[d] [c]―[e]

Ⅳ．取り持つ／二つ返事／優柔不断／事欠かない／願ったり叶ったり／及び腰／水を向けて

Ⅴ．1. 困難を（極め）　時間を（要する）
2. 雑踏を（抜ける）　静寂に（包まれた）
3. （技法）を駆使した　（実力）が試される
4. （腰）を落ち着けよう　（話）が切り出せなかった
5. 腫物に触るような（扱い）　はかばかしい（成果／結果）
6. 渾身の（力）　蜂の巣をつついたような（騒ぎ）

【第16課】

Ⅰ．1. 思わず　つい　思わず　つい
2. 思わず：無意識に、衝動的にした動作であることを示す。その動作が話し手にとって不本意かどうかは関係ない。
つい：無意識に、衝動的にした不本意な動作であることを示す。

Ⅱ．1. A：けれんみがない　B：裏表がない　C：裏表のない
「けれんみがない」は、はったりやごまかしがない様を言い、「裏表がない」は、言うこととすることが異ならず同じである様子を言う。
2. A：太鼓持ち　B：提灯持ち　C：提灯持ち
「太鼓持ち」は、元は宴席で客と芸者の間を取り持つ者を指したことから、人にこびへつらい、機嫌をとるのに熱心な者を言う。「提灯持ち」は、元は提灯を持って人の足元を照らす役を指したことから、人や物の長所を宣伝して回る者を言う。
3. A：雪崩を打つ　B：堰を切る　C：堰を切った
「雪崩を打つ」は、大勢の人がどっと押し寄せる様を言い、「堰を切る」は、抑えられていたことが一気に起こる様子を表す。

Ⅲ．1.

「はい」と言いつつ、腹の中では	[a]	舌	[d]（を）出している。
取引先のしたたかなやり口に	[b]		[e]（が）回る。
いつもは無口なのに、今日は、どういうわけか	[c]		[f]（を）巻いた。

　　　　　　　　答　[a]—[d]　　[b]—[f]　　[c]—[e]
2.

頭	（を）冷やして	[a]	[d]鞄を投げつけて、部屋を出た。
	（に）来たので	[b]	[e]もう一度、考え直すべきだ。
	（を）抱えて	[c]	[f]悩んだが、良い結論は出なかった。

　　　　　　　　答　[a]—[e]　　[b]—[d]　　[c]—[f]

Ⅳ．意志疎通／仕来り／見繕って／ありあわせ／持ちかけた／汗だく／図らずも

Ⅴ．1．先行きが（見えない）　　暖簾を（守って）
　　2．調べを（進める）　　怨恨の線が（浮かび上がった）
　　3．（大目）に見る　　（正体／本性）を現した
　　4．（信頼）が篤かった　　（味噌）をつける
　　5．滴る（汗）　　長足の（進歩）
　　6．飛び切りの（商品／セール）　　胡乱な（奴／人物）

【第17課】

Ⅰ．1．いわゆる　　いわば　　いわば　　いわゆる
　　2．いわゆる：正式な言い方ではないものの、世間一般で言われている言葉を使って言えば。
　　　　いわば：「AいわばB」の形で、AをBという表現で例えて言えば。

Ⅱ．1．A：予防線を張る　　　B：伏線を張る　　　C：予防線を張る
　　　　「予防線を張る」は、不利なことが起こらないよう前もって対策を講じることを言い、「伏線を張る」は、小説などで後の筋の展開を暗示するような事柄を前もって示すことを言う。
　　2．A：上げ潮に乗る　　　B：時流に乗る　　　C：上げ潮に乗った
　　　　「上げ潮に乗る」は、時機を得て調子が上向きになることを言い、「時流に乗る」は、社会の動きをうまく捉えて物事を順調に進めることを言う。
　　3．A：何の変哲もない　　B：可もなく不可もなし　　C：可もなく不可もなし
　　　　「何の変哲もない」は、これといった特徴がなくありふれている様を表し、「可もなく不可もなし」は、これといった短所もないが、長所もない様を言う。

Ⅲ．1．

宣伝も何もしないのに注文が途切れないのは、彼の[a]		[d]（に）覚えがあるからだ。
彼が簡単に引き受けてくれたのは、[b]	腕	[e]（を）上げたからだ。
このところお客が増え始めたのは、彼が[c]		[f]（が）立つからだ。

　　　　　　　　答　[a]—[f]　　[b]—[d]　　[c]—[e]

2.

骨身	（に）応える	[a]	[d]寒さのせいで、風邪を引いた。
	（を）削る	[b]	[e]温かい言葉に思わず涙が溢れた。
	（に）沁みる	[c]	[f]思いで働き続け、ついに病に倒れてしまった。

　　　　　　　　答　[a]—[d]　　[b]—[f]　　[c]—[e]

Ⅳ．見とれ／拍子抜け／たかぶる／一回り／いたいけな／天真爛漫／熱血漢
Ⅴ．1. 様子を(窺って)　　根を(詰める)
　　2. 労を(ねぎらって)　　好意に(甘え)
　　3. (書／文)をしたためた　　(後世)に残す
　　4. (異／異議)を唱えた　　(結論／決着／解決)には至らなかった
　　5. 身の丈にあった(生き方)　　聞いた風な(口)
　　6. 耳寄りな(話)　　夥しい(数)

【第18課】

Ⅰ．1. とりあえず　　いちおう　　とりあえず　　いちおう
　　2. とりあえず：時間的余裕がないので、まず最初にできることをしておく様。
　　　いちおう：十分ではないが、実質的には必ずしも整ってないが、とにかく仮にしてみる様。
Ⅱ．1. A：空振りに終わる　　B：機を逸する　　C：空振りに終わった
　　「空振りに終わる」は、意気込んで計画していたことが失敗に終わることを言い、「機を逸する」は、事をするのによい機会を逃すことを言う。
　　2. A：上辺を繕う　　B：外面がいい　　C：上辺を繕って
　　「上辺を繕う」は、内実が分からないように外観を整えることを言い、「外面がいい」は、内部の者に対してより外部の者に対して愛想がいい性質を言う。
　　3. A：屁理屈をこねる　　B：無駄口を叩く　　C：屁理屈をこねずに
　　「屁理屈をこねる」は、筋の通らない理屈をいろいろ述べたてることを言い、「無駄口を叩く」は、無益なお喋りをすることを言う。
Ⅲ．1.

病状が峠を越したと聞いて、彼女は	[a]		[d] (を)噛んで悔しがった。
注意したところ、彼女は素直には聞かず	[b]	唇	[e] (を)尖らせて俯いた。
僅差で敗れ、メンバーは	[c]		[f] (を)綻ばせた。

答　[a]—[f]　　[b]—[e]　　[c]—[d]

2.

	(を)吐いているのは	[a]	[d] 横綱一人で、なんとも寂しい場所だった。
気	(に)病んでいるのは	[b]	[e] 君一人だ。くよくよ悩む性格も考えものだ。
	(が)気でないのは	[c]	[f] 君ばかりではない。誰もが彼の帰還を祈っている。

答　[a]—[d]　　[b]—[e]　　[c]—[f]

Ⅳ．繰り出す／張り合う／疎い／うってつけ／しんがり／出たとこ勝負／一言一句
Ⅴ．1. 眉間に皺を(寄せて)　　往生際が(悪い)
　　2. 一堂に(会した)　　沙汰を(待って)
　　3. (要求)を呑む　　(情)に訴える
　　4. (事)を荒立てる　　(弁護)に回った
　　5. 他聞を憚る(話)　　ぞんざいな(手つき／身振り)
　　6. 鼻筋の通った(顔立ち)　　黒目勝ちの(瞳)

【第19課】

Ⅰ．1. 急に　　急に　　突然　　突然
2. 急に：ある状態が別の状態へと短時間に素早く激しく変化すること。
突然：自然現象、作用、人間の行為が一瞬のうちに成立すること。

Ⅱ．1. A：挙句の果て　　　B：とどのつまり　　　C：挙句の果て
どちらもよくない結果になるときに用いるが、「挙句の果て」はいろいろな要因が重なり悪い結果になったときに使い、「とどのつまり」は、いろいろな経過を経てそうなったときに用いる。
2. A：引き金になる　　B：呼び水になる　　C：引き金になって
「引き金になる」は、事態を引き起こす直接の原因になることを言い、「呼び水になる」は、事態を引き起こすきっかけ、誘い水になることを言う。
3. A：ぴんと来る　　B：虫が知らせる　　C：ぴんと来た
「ぴんと来る」は、その場で直感的に分かることを言い、「虫が知らせる」は、何か良くないことが起こりそうな予感がすることを言う。

Ⅲ．1.

騒がしい声がするので、そちらの方へ[a]	目	[d]（を）見張った。
相手の射るような眼差しに、思わず　[b]		[e]（を）伏せた。
惨事の画面が信じられず、思わず　　[c]		[f]（を）遣った。

答　[a]―[f]　　[b]―[e]　　[c]―[d]

2.

首	（を）長くして　　　　[a]	[d] 待っていた父の帰還が明日に迫った。
	（を）かけた　　　　　[b]	[e] 勝負だが、やるしかない。
	（を）つないだのは　　[c]	[f] 会社の危機を救う、ある提案だった。

答　[a]―[d]　　[b]―[e]　　[c]―[f]

Ⅳ．手繰る／手ずから／嘲笑う／かまびすしい／一人歩き／私利私欲／朝飯前

Ⅴ．1. 見識を（疑わ）ざるを得ない　　集中砲火を（浴びる）
2. 見栄を（張った）り　　はったりを（利かせた）り
3. （沽券）に関わる　　（お灸）を据えてやる
4. （髪）を振り乱して　　（虫唾）が走る
5. 痩せた（土地）　飛ぶ鳥を落とす（勢い）
6. 手荒な（真似）　あくどい（やり口）

【第20課】

Ⅰ．1. すぐ　　もうすぐ　　もうすぐ　　すぐ
2. もうすぐ：現在を基準として、ある事柄が短時間のうちに起こるという意味で、未来を表す表現。期待がある。
すぐ：何かが起こるまでの時間が短いことを表す表現。すでに時期が決まっている日の出、夏休みなどには使うと不自然。

Ⅱ．1. A：寝ても覚めても　　B：のべつ幕無しに　　　C：寝ても覚めても

「寝ても覚めても」は、文字通り寝ているときも起きているときもいつもそのことばかり考えている様を表し、「のべつ幕無しに」は、よくない状態がひっきりなしに続く様子を言う。
   2．A：板に付く　　　　　　B：様になる　　　　　　C：様になって
「板につく」は、経験を積んだ結果、職業などがその人にぴったり合った感じになることを言い、「様になる」は、外見が整ってそれらしく見えることを言う。
   3．A：高が知れる　　　　　B：愚にもつかない　　　　C：高が知れた
「高が知れる」は、金額、数量等程度がたいしたことがない様を表し、「愚にもつかない」は、取り上げる値打ちもないほど馬鹿馬鹿しいことを言う。
Ⅲ．1.

あいつは、一人前のつもりでも、まだまだ [a]	尻	[d]（に）火が付いた。
結婚前はしおらしかった彼女だが、今では夫を [b]		[e]（に）敷いている。
延ばし延ばしにしていたが、納期が迫り、いよいよ[c]		[f]（が）青い。

　　　　　　　　答　[a]—[f]　　[b]—[e]　　[c]—[d]
　2.

十人並みなのに、彼女は容貌を [a]	鼻	[d]（が）高い。
息子の快挙に親である私も [b]		[e]（を）凹ましてやりたい。
いい気になっているあいつの [c]		[f]（に）かけている。

　　　　　　　　答　[a]—[f]　　[b]—[d]　　[c]—[e]
Ⅳ．縋る／板挟み／道すがら／なだめすかす／平穏無事／あてずっぽう／後ろめたさ
Ⅴ．1．浮沈を(賭けた)　　口を(挟む)
　 2．嫌疑を(掛けられた)　　言い分を何としても(通そう)
　 3．(帰途／帰路／家路)につき　　夜の(帳)に包まれた
　 4．(口数)の少ない　　(頭[かぶり])を振る
　 5．しかつめらしい(態度／表情)　　姑息な(手段)
　 6．晴れがましい(舞台／場)　　頑是ない(子ども)

【第21課】

Ⅰ．1．むしろ　　かえって　　むしろ　　かえって
   2．むしろ：話し手の判断、意見、気持ち、好みを主張する。
　　　かえって：話し手の想定、期待、意図したものと逆の結果であることを表す。
Ⅱ．1．A：見るに見かねる　　B：いたたまれない　　C：見るに見かねて
「見るに見かねる」は、そのまま黙って見ていられない状態を言い、「いたたまれない」は、それ以上我慢してその場にとどまっていられない状態を表す。
   2．A：腑に落ちない　　B：割り切れない　　C：割り切れない
「腑に落ちない」は、いくら考えても合点がゆかない気持ちを表し、「割り切れない」は、納得いかず不満が残っている状態を言う。
   3．A：物ともせず　　B：物怖じせず　　C：物ともせず
「物ともせず」は、危険や困難を問題とせず、立ち向かっていく様子を表し、「物怖じせ

ず」は、怖がったり怖気づいたりしない様子を言う。

Ⅲ．1.

隙	(が)ない　[a]		[d] シュートを打った。
	(を)見せて[b]		[e] 相手が油断したところを攻撃した。
	(を)狙って[c]		[f] 態度に攻めることができない。

答　[a]—[f]　[b]—[e]　[c]—[d]

2.

いらぬことを言って、怒りに　　　　[a]		[d] (を)売っているに違いない。
成立していた契約をパアにして、こってり[b]	油	[e] (を)注いでしまった。
いつまでも帰ってこない妻はどこかで　[c]		[f] (を)絞られてしまった。

答　[a]—[e]　[b]—[f]　[c]—[d]

Ⅳ．全うする／引き際／当て擦り／小気味いい／一目瞭然／こよなく／張り詰めていた

Ⅴ．1．波風が(立ち)始めた　　体調が(優れない)
　2．芝居を(打って)　　デマを(流した)
　3．(異彩)を放っていた　　(臍)を曲げる
　4．(拳／拳骨)が飛んできた　　(許し)を乞うた
　5．朴訥とした(性格)　　入念な(準備／仕事振り)
　6．名にし負う(大店／老舗)　　気詰りな(雰囲気)

【第22課】

Ⅰ．1．たかだか　　せいぜい　　せいぜい　　たかだか
　2．たかだか：量、質が大した程度のものではないという意味。
　　せいぜい：どんなに多く見積もっても、量や質はこの程度にすぎないという意味。

Ⅱ．1．A：梯子を外される　　B：寝返りを打つ　　C：梯子を外され
「梯子を外される」は、上で仕事をしている間にかけてある梯子を外されるという意から、何かをしている間に、仲間に裏切られ困難な立場に追い込まれることを言う。「寝返りを打つ」は、味方を裏切って敵につくことを言う。

2．A：判で押したようだ　　B：一事が万事だ　　C：判で押したように
「判で押したようだ」は、いつも同じようで少しも変化のない様子を表し、「一事が万事だ」は、一つの事柄から他のことすべてが推し測れることを言う。

3．A：何くれとなく　　B：根掘り葉掘り　　C：根掘り葉掘り
「何くれとなく」は、あれこれと細かい点にまで気を配る様子を言い、「根掘り葉掘り」は、細かい点まですべて聞き出す様子を表す。

Ⅲ．1.

定年間近になって、窓際の[a]		[d] (を)蹴って退室した。
あまりに腹が立ったので、[b]	席	[e] (を)温めることになった。
話が煮詰まらず　　　　[c]		[f] (を)改めることになった。

答　[a]—[e]　[b]—[d]　[c]—[f]

2.

彼のことが忘れられず、毎夜 [a]			[d]（を）濡らしている。
私に会いに上京した母と、狭い部屋で[b]	枕		[e]（を）並べた。
家族の無事が分かって、今夜は [c]			[f]（を）高くすることができる。

　　　　答　[a]―[d]　　[b]―[e]　　[c]―[f]

Ⅳ．よもや／いまいましい／はにかんだ／見透かされ／四方山話／深謀遠慮／命取り

Ⅴ．1．初舞台を(踏んだ)　　熱気が(冷めやらぬ)
　　2．後ろ指を(さされた)り　　醜態を(晒した)り
　　3．(尾)を引いて　　食事に(箸)もつけられない
　　4．(想像)を絶する　　(念頭)に置いて
　　5．めぼしい(産業)　　怪しからぬ(言動／行為)
　　6．華奢な(体)　　身の引き締まる(思い)

【第23課】

Ⅰ．1．あえなく　　あっけなく　　あっけなく　　あえなく
　　2．あえなく：期待、予想に反して夢や努力が実らず、淡く消えてしまう様子。
　　　あっけなく：予想よりずっと簡単に終わり、物足りない、張り合いがない様子。

Ⅱ．1．A：猫に小判　　　B：宝の持ち腐れ　　　C：宝の持ち腐れ
　　　「猫に小判」は、値打ちのわからないものに高価なものを与えても何の役にも立たないという意で、「宝の持ち腐れ」は、宝を持っていながら利用できない状態や才能がありながら発揮できない状態を言う。
　　2．A：梃入れをする　　B：後押しをする　　C：梃入れをした
　　　「梃入れをする」は、不振を打開するために外部から援助することを言い、「後押しをする」は、坂を上る車を後ろから押すように、物事が順調に進むように援助することを言う。
　　3．A：泥を被る　　　B：矢面に立つ　　　C：矢面に立た
　　　「泥を被る」は、他人が負うべき責任を負うことを言い、「矢面に立つ」は、抗議や非難を受ける立場に立つことを言う。

Ⅲ．1．

	（を）超した[a]		[d]彼のあんな表情は初めて見た。
度	（を）失った[b]		[e]笑える話も笑えなくなる。
	（が）過ぎると[c]		[f]冗談にみんな呆れてしまった。

　　　　答　[a]―[f]　　[b]―[d]　　[c]―[e]

2.

[a]さんざん悩んだが、ようやく			[d]（を）譲ることにした。
[b]ほんの小さな出来事から、彼は	道		[e]（が）開けてきた。
[c]彼は勇退し、後進に			[f]（を）踏み外してしまった。

　　　　答　[a]―[e]　　[b]―[f]　　[c]―[d]

Ⅳ. 雲隠れ／自業自得／帳消し／百も承知／もてはやされ／驕り／おっつけ
Ⅴ. 1. 社運を(賭けた)　激震が(走った)
　　2. 雨露を(凌いだ)　嫌気が(差した)
　　3. (趣／風情)のある　(雰囲気)を醸し出している
　　4. (急)を要する　(一命)を取り留めた
　　5. 天賦の(才)　類稀な(才能)
　　6. 手持ちの(金)　満面の(笑み)

【第24課】

Ⅰ. 1. 必ず　きっと　必ず　きっと
　　2. 必ず：ある条件が整ったら、例外なく、決まってそれをする／そうなることを表す。
　　　きっと：話し手が、自分の感覚でほぼ100%そうだろうと確信している様。
Ⅱ. 1. A：立ち往生する　B：進退窮まる　C：立ち往生した
　　どちらも進みも退きもできない状態を意味するが、「立ち往生する」は、物事が行き詰まり状態になってどうしてよいか分からなくなり立ち尽くすことを言う。「進退窮まる」は、八方ふさがりの困難に陥った状態を指す。
　　2. A：ぱっとしない　B：鳴かず飛ばず　C：鳴かず飛ばずだった
　　「ぱっとしない」は、優れた点が認められない、見栄えがしない状態を言い、「鳴かず飛ばず」は、これといった活躍をしないで停滞している状態を表す。
　　3. A：色をなす　B：向かっ腹を立てる　C：色をなして
　　「色をなす」は、顔色を変えて激しく怒ることを言い、「向かっ腹を立てる」は、これといった理由がないのに腹を立てることを言う。
Ⅲ. 1.

名	(も)ない [a]	[d]企業の社員だからといって優秀とは限らない。
	(が／の)通った [b]	[e]ひとえに、この作品のおかげなのだ。
	(を)成したのは [c]	[f]草花を愛おしく思う。

答　[a]—[f]　[b]—[d]　[c]—[e]

2.

彼は言い出したら、 [a]	後	[d] (が)ない。
これに失敗したら、もう [b]		[e] (へ／に)ひかない人だ。
これは食べだすとなんだか [c]		[f] (を)ひく味だ。

答　[a]—[e]　[b]—[d]　[c]—[f]

Ⅳ. 堪能し／半信半疑／事あるごとに／べらぼう／しりぞけられる／浅知恵／芸当
Ⅴ. 1. 脳裏を(掠め／よぎり)　予感は(的中した)
　　2. 運がついに(尽きた)　胸の支えを(下ろした)
　　3. (縒り)を戻す　(憑き物)が落ちた
　　4. (口)ばかり利く　(痛い目)に遭う
　　5. 献身的な(看病)　的外れの(非難)
　　6. 香ばしい(匂い)　絶好の(チャンス)

【第25課】

Ⅰ．1．わざと　　わざわざ　　わざと　　わざわざ
　2．わざと：裏にある真の目的を達成するために、演技的に別の行動をする様。
　　わざわざ：目的を達成するために、時間や労力を惜しまず特別に行動する様。

Ⅱ．1．A：すっからかんになる　　B：財布の底をはたく　　C：財布の底をはたいて
　　「すっからかんになる」は、全財産をすべて使い果たし何も残っていない状態を表し、
　　「財布の底をはたく」は、そのとき所持している金を使ってしまうことを言う。
　2．A：舵を取る　　　　　　B：音頭を取る　　　　　C：音頭を取って
　　「舵を取る」は、目標に向かって進路を定め、組織を導くことを言い、「音頭を取る」は、
　　集団で物事をするとき先頭にたって調整役をすることを言う。
　3．A：紙一重の差　　　　　B：タッチの差　　　　　C：紙一重の差
　　どちらもわずかの差を意味するが、「紙一重の差」は、文字通り紙一枚ほどのわずかな
　　差を言い、「タッチの差」は、あと少しのところで時間的に間に合わず、好機を逃した
　　ときに用いられる。

Ⅲ．1.

帰ったら、家族も家財道具も　　[a]		[d]（も）形もなかった。
彼は小学校の頃は、目立たず　　[b]	影	[e]（が）差し始めた。
スキャンダルが原因で、人気に　[c]		[f]（が）薄かった。

　　　　　　答　[a]―[d]　　[b]―[f]　　[c]―[e]

2.

今日こそは、彼と会って　　　　[a]		[d]（に）ならない。
その成績で、A大学進学なんて　[b]	話	[e]（を）つけよう。
その金額では、当初の約束と　　[c]		[f]（が）違うではないか。

　　　　　　答　[a]―[e]　　[b]―[d]　　[c]―[f]

Ⅳ．御の字／頑として／見越して／阿る／逆る／悪しざま／四面楚歌

Ⅴ．1．好評を(博した)　　落ち着きを(取り戻し)つつある
　2．寝息を(立てて)　　小首を(傾げ)ながら
　3．(幅)を利かせ始めた　　(恩恵)に与ろう
　4．(精)を出している　　(目)をしばたたかせて
　5．浮いた(話)　　神妙な(面持ち)
　6．細心の(注意)　　絶妙の(タイミング)

【第26課】

Ⅰ．1．たしか　　たぶん　　たしか　　たぶん
　2．たぶん：これから起きるある事柄について、話し手の推量を述べた表現。
　　たしか：すでに過ぎ去った事柄について、話し手の不確かな記憶を述べた表現。

Ⅱ．1．A：お釈迦になる　　B：日の目を見ない　　C：日の目を見(ることは)なかった
　　「お釈迦になる」は、物を作る過程で失敗して出来損ないになることを言い、「日の目を
　　見ない」は、埋もれてしまって世間にその価値を認められない状態を表す。

2．A：死線をさまよう　　B：九死に一生を得る　　　C：九死に一生を得る
　「死線をさまよう」は、病気などで生死に関わる深刻な状態に陥ってることを言い、「九死に一生を得る」は、危ないところで助かることを言う。
3．A：時を得る　　　　　B：機に乗じる　　　　　　C：時を得て
　「時を得る」は、好機に巡り合ってよい結果を得られることを言い、「機に乗じる」は、状況を見極め、好機をとらえて素早く行動することを言う。

Ⅲ．1．

同僚のミスを発見しただけで[a]		[d]（が）笑うよ。
丈夫な彼が熱で休むとは、まさに[b]	鬼	[e]（の）首でも取ったような言い方だ。
彼は、将来の夢ばかり語っているが[c]		[f]（の）かく乱だ。

　　　　答　［a］—［e］　　［b］—［f］　　［c］—［d］

2．

初出場で優勝とは、彼の実力は[a]		[d]（が）浅い。
想定外の売りが出て、株価は[b]	底	[e]（を）割った。
一人前のことを書いているようで、案外[c]		[f]（が）知れない。

　　　　答　［a］—［f］　　［b］—［e］　　［c］—［d］

Ⅳ．身支度／決め込み／和気藹藹／手持無沙汰／心許ない／割って入って／気ぜわし

Ⅴ．1．要領を(得ない)　　筋道を(立てて)
　2．不況の煽りを(受けて)　　悪化の一途を(辿る)
　3．(頭)を擡げ　　(慙愧)に堪えない
　4．(火の手)が上がり　　(戦慄)が走った
　5．身を切るような(寒さ)　　火急の(用事)
　6．破竹の(勢い)　　地鳴りのような(声／声援)

【第27課】

Ⅰ．1．さっそく　　すぐに　　さっそく　　すぐに
　2．さっそく：望んでいた(肯定的な)ことが実現可能な状況になったとき、それに応じて時間を置かずに行動するさま。意識的な行動のみに使用。
　　すぐに：ある状況になったとき、物事が時間を置かずに即座に行われる、または、起こるさま。

Ⅱ．1．A：火中の栗を拾う　　B：危ない橋を渡る　　C：危ない橋を渡ってきた
　「火中の栗を拾う」は、猿におだてられた猫が火の中の栗を拾いやけどをするという寓話に由来する表現で、他人の利益のために危険を冒してひどい目に遭うことを言い、「危ない橋を渡る」は、目的を達成するために危険を覚悟の上で行動することを言う。
　2．A：物になる　　B：実を結ぶ　　C：物にならない
　「物になる」は、人や物が立派になり、他に認められることを言い、「実を結ぶ」は、努力しただけの成果が表れることを言う。
　3．A：芽を摘む　　B：根を断つ　　C：根を絶たない
　「芽を摘む」は、悪い状態にならないよう早いうちに物事の進行を止めることを言い、

「根を断つ」は、悪いことが起こらないように原因を根こそぎ取り除くことを言う。

Ⅲ．1.

火	（が）ついたように	[a]	[d]	彼の一言で、そこから大騒動になった。
	（を）通せば	[b]	[e]	大丈夫と、母は冷蔵庫の中をさらいだした。
	（に）油を注いだのは	[c]	[f]	泣き出した子どもの顔には、虫が這っていた。

答　[a]—[f]　[b]—[e]　[c]—[d]

2.

	徹夜で続けた労使交渉も、双方の歩み寄りで、やっと	[a]	山	[d]（を）かけて臨むしかなかった。
	時間がなくて、今度の試験は	[b]		[e]（が）見えてきた。
	ICUで死線をさまよっていたが、なんとか	[c]		[f]（を）越した。

答　[a]—[e]　[b]—[d]　[c]—[f]

Ⅳ．いただく／脈絡／三三五五／帯びた／取るに足らない／いとおしみ／もとより

Ⅴ．1. 喉を（通らない）　健啖家ぶりを（発揮した）
　2. 反旗を（翻した）　一線を（画す）
　3. （虚仮）にする　（闘志）を掻き立てられ
　4. （器／器量）が違う　（奇声）を発して
　5. やんやの（喝采）　上気した（表情）
　6. 鉄壁の（守り）　持ち前の（守り／防衛力／チームワーク）

【第28課】

Ⅰ．1. じっくり　ゆっくり　ゆっくり　じっくり
　2. じっくり：ある目的のために十分な時間と手間をかけて、丁寧に物事を行うこと。
　　ゆっくり：ただ単に動作が遅いことを意味する。

Ⅱ．1. A：歯の抜けたよう　B：火が消えたよう　C：歯の抜けたよう
　「歯の抜けたよう」は、あるべきものが欠け、まばらで不揃いな様子を言い、「火が消えたよう」は、活気がなくなり寂しい様を表す。
　2. A：止め処がない　B：一再ならず　C：一再ならず
　「止め処がない」ないは、止まることなく後から続いて起こる様子を表し、「一再ならず」は、一度や二度ではなく何度も起こる様子を言う。
　3. A：笑い事ではない　B：他人事ではない　C：他人事（どころ）ではなかった
　「笑い事ではない」は、笑ってすませられるほど小さい事ではない状況を表し、「他人事ではない」は、自分には関係ないとのんきに考えられない状況を言う。

Ⅲ．1.

世	（を）捨てて、山にこもり	[a]	[d]	華々しく文壇にデビューした。
	（に）聞こえた美女だった娘は	[b]	[e]	王に乞われて、宮中に上がった。
	（を）忍んでいたはずの彼が	[c]	[f]	毎日読経三昧の日々だ。

答　[a]—[f]　[b]—[e]　[c]—[d]

2.

父は、可愛い娘に	[a]		[d]（も）殺さないような顔で法廷に座っている。
取り立てて何とは言わないが、彼だけはどうも [b]		虫	[e]（が）つかないか心配でたまらない。
彼女は、残虐行為を繰り返したようには見えず [c]			[f]（が）好かない

　　　　　　　　　　答　[a]—[e]　　[b]—[f]　　[c]—[d]

Ⅳ．奇矯／端くれ／かまけて／一朝一夕／ひけらかす／やおら／只者
Ⅴ．1．布石を（打って）　　暗礁に（乗り上げ）
　　2．意図を（見抜く／読む）　　恨みを（買う）
　　3．（おくび）にも出すことができず　　（音沙汰）がない
　　4．（風穴）を開けよう　　（一歩）も譲ろうとしない
　　5．健気な（努力／態度）　　聞えよがしの（叱責）
　　6．強かな（人物／性格）　　捌けた（様子／調子）

【第29課】

Ⅰ．1．知らぬ間に　　いつの間にか　　いつの間にか　　知らぬ間に
　　2．いつの間にか：話し手が気づかない間に、変化が起こっていた。
　　　　　　　　　　変化が起こっていたことに話の焦点がある
　　　知らぬ間に：状況が変化していたのに、話し手は変化に気づいていなかった。
　　　　　　　　　変化に気づいていなかったことに話の焦点がある。
Ⅱ．1．A：柳に風　　　B：暖簾に腕押し　　　C：暖簾に腕押し（だった）
　　　「柳に風」は、飄々として、自然に対応している様を表し、「暖簾に腕押し」は、一方の働きかけにもかかわらず、今一つ手応えのある反応がない様を表す。
　　2．A：夜を徹する　　　B：まんじりともせず　　　C：まんじりともせず
　　　「夜を徹する」は、日に夜を継いで、中断することなくという意に焦点があり、「まんじりともせず」は、心配で、忙しくて等、後件に含まれる主格の感情とかかわる表現である。
　　3．A：絵に描いた餅　　　B：机上の空論　　　C：絵に描いた餅
　　　「机上の空論」は、実質が伴わず理論だけが空回りしている様を表現し、「絵に描いた餅」は、計画が実現しなかったことを表す。
Ⅲ．1．

奇を衒った格好で人目を引くだけで全く	[a]		[d]（が）細かい。
見えないところにまで装飾が施してあり、非常に	[b]	芸	[e]（を）磨くべきだ。
この道で食べていきたいなら、更に	[c]		[f]（が）ない。

　　　　　　　　　　答　[a]—[f]　　[b]—[d]　　[c]—[e]

2.

いくら円高でも家族五人の海外旅行費用は	[a]		[d]（に）ならない。
彼は仕事のできない先輩を、あからさまに	[b]	馬鹿	[e]（を）みた。
親切に面倒を見ていた後輩に出し抜かれ、	[c]		[f]（に）している。

　　　　　答　[a]—[d]　　[b]—[f]　　[c]—[e]

Ⅳ．絶体絶命／へばりついて／後の祭り／否応なく／おいそれと／思い過し／やり過す

Ⅴ．1. 弱みに(付け込んで)　　詐欺を(働こう)
　　2. とばっちりを(受け)　　戦意を(喪失した)
　　3. (度量／器)が大きい　　(品物／在庫)が捌けず
　　4. (同じ釜の飯)を食う　　(胸襟／心)を開いて
　　5. つれない(返事)　　鮮やかな(手腕／手法)
　　6. 捉えどころのない(性格)　　手の込んだ(作品)

【第30課】

Ⅰ．1. やはり　　はたして　　はたして　　やはり
　　2. やはり：予想や認識、判断が、現状と一致している様。
　　　はたして：物事の行き着く先を危惧したり懐疑的になったりしていることを表す。

Ⅱ．1. A: 焼け石に水　　　　B: 糠に釘　　　　C: 焼け石に水
　　「焼け石に水」は、積極的な働きかけにもかかわらず、効果が上がらないことを言い、「糠に釘」は、働きかけに一切の反応がない様を言う。
　　2. A: 世事に疎い　　　B: 世間が狭い　　　C: 世事に疎い
　　「世間が狭い」は、文字通り生活の空間が一般的に考えられるより狭く、世間と普通のかかわりを持たない様を表し、「世事に疎い」は、世間で生きていくための一般的な知識や知恵に欠けていることを言う。
　　3. A: 旗色を鮮明にしない　　B: 踏ん切りがつかない　　C: 踏ん切りがつかない
　　「旗色を鮮明にする」は、属すべき集団を決めなければならないときに、いずれの集団にするか選択することであり、「踏ん切りをつける」は、二者択一で重大な決断をすることを言う。

Ⅲ．1.

言葉	(を)挟む余地もないほど	[a]	[d]感謝をどうにかして伝えたい。
	(が)過ぎる彼に	[b]	[e]周囲が見かねて注意した。
	(に)余る	[c]	[f]激しくやりあっている。

　　　　　答　[a]—[f]　　[b]—[e]　　[c]—[d]

2.

彼の言葉には、一言ひとこと	[a]		[d]（な）ことをする。
一度楽をして金を手にしたものだから、すっかり	[b]	味	[e]（を）占めてしまった。
残業をする私の机の上に、ビールを置いて帰るなんて	[c]		[f]（が）ある。

　　　　　答　[a]—[f]　　[b]—[e]　　[c]—[d]

Ⅳ. 金輪際／お誂え向き／決別して／前途多難／てっきり／会得した／ひとくさり

Ⅴ. 1. 念を(押す)　舟を(漕いでしまった)。
2. 不審を(抱き／募らせ)　借金を(踏み倒して)
3. (佳境)に入った　(正体)をなくす
4. (呑み込み)が早い　(人当り／物腰)が柔らかい
5. 軽妙な(語り口)　精悍な(顔立ち)
6. 殺伐とした(雰囲気)　いわれない(差別)

索　引

あ

あいたくちがふさがらない　［開いた口が塞がらない］　5II
あいづちをうつ　［相槌を打つ］　11V
あえなく　［敢え無く］　23I
あおすじをたてる　［青筋を立てる］　1V
あおりをうける　［煽りを受ける］　26V
あくせんくとう　［悪戦苦闘］　13IV
あくどい　［悪くどい］　19V
あげくのはて　［挙句の果て］　19II
あげしおにのる　［上げ潮に乗る］　17II
あさぢえ　［浅知恵］　24IV
あさめしまえ　［朝飯前］　19IV
あざやかなしゅわん　［鮮やかな手腕］　29V
あざわらう　［嘲う］　19IV
あじがある　［味がある］　30III
あしがとおのく　［足が遠のく］　5III
あしがはやい　［足が早い］　5III
あしざま　［悪しざま］　25IV
あしでまとい　［足手まとい］　14IV
あじなこと　［味なこと］　30III
あしのふみばもない　［足の踏み場もない］　13V
あしらう　6IV
あじをしめる　［味をしめる］　30III
あしをのばす　［足を伸ばす］　5III
あせだく　［汗だく］　16IV
あたまがあがらない　［頭が上がらない］　8III
あたまがきれる　［頭が切れる］　8III
あたまにくる　［頭に来る］　16III
あたまにちがのぼる　［頭に血が上る］　8III
あたまをかかえる　［頭を抱える］　16III
あたまをひやす　［頭を冷やす］　16III
あたまをもたげる　［頭を擡げる］　26V
あっけなく　［呆気なく］　23I
あっけにとられる　［呆気に取られる］　8II
あてにする　［当てにする］　6V
あてこすり　［当て擦り］　21IV
あてずっぽう　20IV
あとあじがわるい　［後味が悪い］　6V
あとあしですなをかける　［後脚で砂をかける］　5II
あとおしをする　［後押しをする］　23II
あとがない　［後がない］　24III
あとがまにすわる　［後釜に座る］　9V
あとにひかない　［後に退かない］　24III
あとのまつり　［後の祭り］　29IV
あとをひく　［後を引く］　24III
あながあったらはいりたい　［穴があったら入りたい］　14II
あなをうめる　［穴を埋める］　6II
あばく　［暴く］　11IV
あぶないはしをわたる　［危ない橋を渡る］　27II
あぶらをうる　［油を売る］　21III
あぶらをしぼる　［油を絞る］　21III
あぶらをそそぐ　［油を注ぐ］　21III
あまつゆをしのぐ　［雨露を凌ぐ］　23V
あみをはる　［網を張る］　13II
あらんかぎり　［あらん限り］　11V
ありあわせ　16IV
あわや　2IV
あわをくう　［泡を食う］　8II
あんしょうにのりあげる　［暗礁に乗り上げる］　28V
あんてなをはる　［アンテナを張る］　13II

い

いいがかりをつける　［言いがかりをつける］　6V
いいぶんをとおす　［言い分を通す］　20V
いがみあい　［いがみ合い］　2IV
いかりがこみあげる　［怒りが込み上げる］　11V
いきおい　13IV
いきがかかる　［息がかかる］　9III
いきまく　［息巻く］　10IV
いきようよう　［意気揚揚］　9IV
いきをころす　［息を殺す］　9III
いきをつく　［息をつく］　9III
いさいをはなつ　［異彩を放つ］　21V
いじいじ　15I
いしそつう　［意志疎通］　16IV
いたいけ　17IV
いたいところをつく　［痛いところを衝く］　10V
いたけだか　［居丈高］　12IV
いたずらに　［徒に］　11IV
いただく　［頂く］　27IV
いたたまれない　21II
いたにつく　［板に付く］　20II
いたばさみ　［板挟み］　20IV
いちおう　［一応］　18I
いちごんいっく　［一言一句］　18IV

索　引

いちじがばんじ　［一事が万事］　22II
いちどうにかいする　［一堂に会する］　18V
いちめいをとりとめる　［一命を取り留める］　23V
いちもくおく　［一目置く］　12II
いちもくりょうぜん　［一目瞭然］　21IV
いちるののぞみ　［一縷の望み］　11V
いっこくのゆうよもゆるされない　［一刻の猶予も許されない］　13V
いっさいならず　［一再ならず］　28II
いっせいをふうびする　［一世を風靡する］　8V
いっせんをかくす　［一線を画す］　27V
いっちょういっせき　［一朝一夕］　28IV
いっちょうまえ　［一丁前］　12IV
いっとをたどる　［一途をたどる］　26V
いつのまにか　［いつの間にか］　29I
いっぱいくわす　［一杯食わす］　2II
いっぽもゆずらない　［一歩も譲らない］　28V
いとおしむ　27IV
いとをみぬく　［意図を見抜く］　28V
いにかいす　［意に介す］　7V
いにそわない　［意に沿わない］　8V
いぬくような　［射抜くような］　3V
いのちとり　［命取り］　22IV
いまいましい　22IV
いやおうなく　［否応なく］　29IV
いやけがさす　［嫌気が差す］　23V
いろをなす　［色を成す］　24II
いわば　［謂わば］　17I
いわゆる　［所謂］　17I
いわれない　［謂われない］　30V
いをとなえる　［異を唱える］　17V

う

ういたはなし　［浮いた話］　25V
うえをしたへ　［上を下へ］　9II
うおうさおう　［右往左往］　2IV
うがったみかた　［穿った見方］　1V
うきあしだつ　［浮足立つ］　6II
うごかぬしょうこ　［動かぬ証拠］　12V
うじうじ　15I
うしろがみをひかれる　［後ろ髪を引かれる］　13V
うしろめたさ　［後めたさ］　20IV
うしろゆびをさす　［後ろ指をさす］　22V
うだつがあがらない　［うだつが上がらない］　1V
うちまく　［内幕］　4IV
うってつけ　［打ってつけ］　18IV
うつわがちがう　［器が違う］　27V
うでがたつ　［腕が立つ］　17III
うでがなる　［腕が鳴る］　2III
うでにおぼえがある　［腕に覚えがある］　17III
うてばひびく　［打てば響く］　13V
うでをあげる　［腕を上げる］　17III
うでをこまねく　［腕を拱く］　4II
うでをふるう　［腕を揮う］　2III
うでをみがく　［腕を磨く］　2III
うとい　［疎い］　18IV
うまうまと　7IV
うまがあう　［馬が合う］　6V
うらおもてがない　［裏表がない］　16II
うらみをかう　［恨みを買う］　28V
うらをかく　［裏をかく］　2II
うろん　［胡乱］　16V
うわずる　［上ずる］　1IV
うわべをつくろう　［上辺を繕う］　18II
うわまえをはねる　［上前をはねる］　4II
うんがつきる　［運が尽きる］　24V
うんでいのさ　［雲泥の差］　3V

え

えいきをやしなう　［英気を養う］　14V
えたいがしれない　［得体が知れない］　13V
えとくする　［会得する］　30IV
えにかいたもち　［絵に描いた餅］　29II
えみをもらす　［笑みを漏らす］　12V

お

おあつらえむき　［お誂え向き］　30IV
おいそれと　29IV
おうじょうぎわがわるい　［往生際が悪い］　18V
おうてをかける　［王手をかける］　5V
おおなたをふるう　［大鉈を振るう］　8II
おおぶたいにたつ　［大舞台に立つ］　12V
おおぶろしきをひろげる　［大風呂敷を広げる］　11II
おおみえをきる　［大見得を切る］　11II
おおめだまをくらう　［大目玉を食らう］　12V
おおめにみる　［大目に見る］　16V
おかぶをうばう　［お株を奪う］　9V
おくする　［臆する］　12IV
おくばにもののはさまった　［奥歯に物の挟まった］　14II
おくびにもださない　［おくびにも出さない］　28V
おくれをとる　［後れを取る］　9V
おごり　［驕り］　23IV
おしゃかになる　［御釈迦になる］　26II
おすなおすな　［押すな押すな］　9II
おたおた　15I
おだてにのる　［煽てに乗る］　5V

索　引

おちつきをとりもどす［落ち着きを取り戻す］25V
おちゃのこさいさい［お茶の子さいさい］12II
おっつけ　23IV
おどおど　15I
おとさたがない［音沙汰がない］28V
おとしどころ［落とし所］3V
おなじかまのめしをくう［同じ釜の飯を食う］29V
おにがわらう［鬼が笑う］26III
おにのかくらん［鬼の霍乱］26III
おにのくびでもとったよう［鬼の首でも取ったよう］26III
おはちがまわる［お鉢が回る］9IV
おびただしい［夥しい］17V
おびる［帯びる］27IV
おぶらーとにつつむ［オブラートに包む］14II
おぼえがめでたい［覚えがめでたい］12II
おめいをそそぐ［汚名を雪ぐ］10V
おめおめ　6I
おめこぼし［お目溢し］14IV
おもいあぐねる［思いあぐねる］10IV
おもいすごし［思い過ごし］29IV
おもいのほか［思いのほか］13IV
おもいをとげる［思いを遂げる］12V
おもうつぼ［思う壺］7IV
おもてざた［表沙汰］4IV
おもねる［阿る］25IV
おもむく［赴く］13IV
おもわず［思わず］16I
およびごし［及び腰］15IV
おりがみつき［折り紙つき］8IV
おりめただしい［折り目正しい］5IV
おろおろ　15I
おをひく［尾を引く］22V
おんけいにあずかる［恩恵に与る］25V
おんどをとる［音頭を取る］25II
おんのじ［御の字］25IV
おんをあだでかえす［恩を仇で返す］5II

か

かえって　21I
かおにどろをぬる［顔に泥を塗る］4III
かおをうる［顔を売る］4III
かおをほころばせる［顔を綻ばせる］4III
かきゅう［火急］26V
かきょうにはいる［佳境に入る］30V
かくれみのにする［隠れ蓑にする］13II
かげがうすい［影が薄い］25III
かげがさす［影が差す］25III
かげもかたちもない［影も形もない］25III
かげをおとす［影を落とす］11II
かげをひそめる［影を潜める］12V
かこつける　14IV
かざあなをあける［風穴を開ける］28V
かさにかかった［嵩にかかった］12V
かじをきる［舵を切る］13V
かじをとる［舵を取る］25II
かたかた　12I
がたがた　9I
かたでかぜをきる［肩で風を切る］6III
かたなし［形無し］2IV
かたのにがおりる［肩の荷が下りる］6III
がたぴし　9I
かたみがせまい［肩身が狭い］10V
かたやぶり［型破り］12IV
かたをもつ［肩を持つ］6III
かちかち　13I
がちがち　9I
かちめがない［勝ち目がない］4V
がちゃがちゃ　12I
かちゅうのくりをひろう［火中の栗を拾う］27II
がつがつ　3I
かっきにみちる［活気に満ちる］8V
かどがとれる［角が取れる］3V
かなきりごえ［金切り声］3V
かならず［必ず］24I
かねがね　14IV
がばがば　10I
かぶりをふる［頭を振る］20V
がぼがぼ　10I
かまける　28IV
かまびすしい　19IV
かまをかける［鎌をかける］1II
がみがみ　8I
かみひとえのさ［紙一重の差］25II
かみをふりみだす［髪を振り乱す］19V
かもなくふかもなし［可もなく不可もなし］17II
がやがや　13I
からから　7I
からぶりにおわる［空振りに終わる］18II
がんぜない［頑是ない］20V
がんとして［頑として］25IV
かんにんぶくろのおがきれる［堪忍袋の緒が切れる］5II
かんばしいけっか［芳しい結果］14V
かんぱつをいれず［間髪を容れず］7II

き

きいきい　10I

索　引

きいたふう　［聞いた風］　17V
きえいる　［消え入る］　3IV
きがおもい　［気が重い］　10III
きがきでない　［気が気でない］　18III
きがとがめる　［気が咎める］　10III
ききょう　［奇矯］　28IV
きこえよがし　［聞えよがし］　28V
ぎこぎこ　10I
ぎしぎし　10I
きじょうのくうろん　［机上の空論］　29II
きせいをはっする　［奇声を発する］　27V
きぜわしい　［気ぜわしい］　26IV
きせんをせいす　［機先を制す］　13II
きちきち　13I
きっと　24I
きづまりな　［気詰まりな］　21V
きとにつく　［帰途に就く］　20V
きにじょうじる　［機に乗じる］　26II
きにやむ　［気に病む］　18III
ぎほうをくしする　［技法を駆使する］　15V
きまりがわるい　［決まりが悪い］　14II
きめこむ　［決め込む］　26IV
きゃしゃ　［華奢］　22V
ぎゅうぎゅう　11I
きゅうしにいっしょうをえる　［九死に一生を得る］　26II
きゅうすればつうず　［窮すれば通ず］　7II
きゅうに　［急に］　19I
きゅうばをしのぐ　［急場を凌ぐ］　7II
きゅうをすえる　［灸を据える］　19V
きゅうをようする　［急を要する］　23V
きょうきんをひらく　［胸襟を開く］　29V
きりかえす　［切り返す］　12IV
ぎりぎり　11I
きりもりする　［切り盛りする］　5IV
ぎわくをふっしょくする　［疑惑を払拭する］　2V
きわどい　［際どい］　2IV
きをいっする　［機を逸する］　18II
きをとられる　［気を取られる］　4III
きをはく　［気を吐く］　18III
きをまわす　［気を回す］　10III
きをもたせる　［気を持たせる］　4III
きをもむ　［気を揉む］　4III
きんきん　11I

く

くいいる　［食い入る］　1IV
くきょうにたつ　［苦境に立つ］　8V
くさいものにはふたをする　［臭い物には蓋をする］　15II
くじゅうをなめる　［苦汁を嘗める］　12V
くしんさんたん　［苦心惨憺］　11IV
くだくだ　14I
ぐだぐだ　8I
くちかずがすくない　［口数が少ない］　20V
くちがすべる　［口が滑る］　9III
くちにのぼる　［口に上る］　9III
くちびるをかむ　［唇を噛む］　18III
くちびるをとがらす　［唇を尖らす］　18III
くちびるをほころばす　［唇を綻ばす］　18III
くちをきく　［口を利く］　24V
くちをきる　［口を切る］　9III
くちをぬぐう　［口を拭う］　3II
くちをはさむ　［口を挟む］　20V
くつくつ　11I
ぐつぐつ　11I
くどくど　8I
くにくのさく　［苦肉の策］　9IV
ぐにもつかない　［愚にもつかない］　20II
くびがとぶ　［首が飛ぶ］　11III
くびになわをつける　［首に縄を付ける］　11III
くびをかける　［首をかける］　19III
くびをつっこむ　［首を突っ込む］　11III
くびをつなぐ　［首を繋ぐ］　19III
くびをながくする　［首を長くする］　19III
くめん　［工面］　13IV
くもがくれ　［雲隠れ］　23IV
くもをつかむような　［雲を掴むような］　11V
くよくよ　15I
くりだす　［繰り出す］　18IV
くるしまぎれ　［苦し紛れ］　7V
くろめがち　［黒目勝ち］　18V
くんじをたれる　［訓示を垂れる］　11V
ぐんをぬく　［群を抜く］　6II

け

けいえいがかたむく　［経営が傾く］　7V
げいがこまかい　［芸が細かい］　29III
げいがない　［芸がない］　29III
けいきょもうどう　［軽挙妄動］　4IV
げいとう　［芸当］　24IV
けいみょう　［軽妙］　30V
げいをみがく　［芸を磨く］　29III
げきしんがはしる　［激震が走る］　23V
げきをとばす　［檄を飛ばす］　5V
けしからぬ　［怪しからぬ］　22V
げせない　［解せない］　11IV
けたけた　7I
けたはずれ　［桁外れ］　9IV
けちをつける　［けちを付ける］　7V

索 引

けっそうをかえる　［血相を変える］　13V
けつべつする　［決別する］　30IV
けつろんにいたる　［結論に至る］　17V
けなげ　［健気］　28V
げらげら　7I
けりをつける　［けりを付ける］　9II
けれんみがない　16II
けんぎをかける　［嫌疑を掛ける］　20V
けんしきをうたがう　［見識を疑う］　19V
けんしんてき　［献身的］　24V
けんたんかぶりをはっきする　［健啖家ぶりを発揮する］　27V

こ

こういにあまえる　［好意に甘える］　17V
こうじをたくす　［後事を託す］　8V
こうせいにのこす　［後世に残す］　17V
こうばしい　［香ばしい］　24V
こうひょうをはくす　［好評を博す］　25V
こうをそうす　［功を奏す］　7V
ごうをにやす　［業を煮やす］　5II
こえがはずむ　［声が弾む］　7III
こえをかける　［声を掛ける］　14V
こえをころす　［声を殺す］　7III
こえをのむ　［声を呑む］　7III
こきみいい　［小気味いい］　21IV
こくびをかしげる　［小首を傾げる］　25V
こけにする　［虚仮にする］　27V
こけんにかかわる　［沽券に関わる］　19V
こころがおどる　［心が躍る］　13III
こころもとない　［心許ない］　26IV
こころをおににする　［心を鬼にする］　13III
こころをゆるす　［心を許す］　13III
こしをおちつける　［腰を落ち着ける］　15V
こそく　［姑息］　20V
こちこち　13I
ことあるごとに　［事あるごとに］　24IV
ことかかない　［事欠かない］　15IV
ことこと　11I
ごとごと　12I
ことばがすぎる　［言葉が過ぎる］　30III
ことばにあまる　［言葉に余る］　30III
ことばをはさむ　［言葉を挟む］　30III
こともあろうに　［事もあろうに］　10IV
ことをあらだてる　［事を荒立てる］　18V
こぶしがとぶ　［拳が飛ぶ］　21V
ごぼごぼ　10I
ごまをする　［胡麻を擂る］　3II
こよなく　21IV
こんしん　［渾身］　15V

こんなんをきわめる　［困難を極める］　15V
こんりんざい　［金輪際］　30IV
こんをつめる　［根を詰める］　17V

さ

ざあざあ　12I
さいしんのちゅうい　［細心の注意］　25V
さいふのそこをはたく　［財布の底をはたく］　25II
さきがおもいやられる　［先が思いやられる］　4V
さきゆきがみえぬ　［先行きが見えぬ］　16V
さぎをはたらく　［詐欺を働く］　29V
さたをまつ　［沙汰を待つ］　18V
ざっくばらん　8V
さっそく　［早速］　27I
ざっとうをぬける　［雑踏を抜ける］　15V
さつばつとした　［殺伐とした］　30V
さばけた　［捌けた］　28V
さべつかをはかる　［差別化を図る］　14V
さまになる　［様になる］　20II
さめざめ　4I
さやさや　12I
さやをかせぐ　［鞘を稼ぐ］　4II
さらさら　12I
ざわざわ　13I
ざんきにたえない　［慙愧に堪えない］　26V
さんさんごご　［三三五五］　27IV
さんだん　［算段］　13IV
さんたんたる　［惨憺たる］　13V

し

しかつめらしい　20V
しがにもかけない　［歯牙にもかけない］　9II
じかんをさく　［時間を割く］　8V
じかんをようする　［時間を要する］　15V
しきたり　［仕来り］　16IV
しきんがつきる　［資金が尽きる］　23V
しくしく　4I
しげしげ　2I
じごうじとく　［自業自得］　23IV
しずしず　8I
しせんをさまよう　［死線をさまよう］　26II
じだいさくご　［時代錯誤］　1IV
したがまわる　［舌が回る］　16III
したたか　［強か］　28V
したたる　［滴る］　16V
したにもおかぬ　［下にも置かぬ］　4V
したりがお　［したり顔］　1IV
したをだす　［舌を出す］　16III
したをまく　［舌を巻く］　16III

索　引

じっくり　28I
じつりょくがためされる　[実力が試される]　15V
しなものをさばく　[品物を捌く]　29V
じなり　[地鳴り]　26V
しばいをうつ　[芝居を打つ]　21V
じばらをきる　[自腹を切る]　7II
しめんそか　[四面楚歌]　25IV
しゃあしゃあ　6I
しゃうんをかける　[社運を賭ける]　23V
しゃくにさわる　[癪に障る]　6V
しゃっきんをふみたおす　[借金を踏み倒す]　30V
しゃにむに　14IV
じゃのみちはへび　[蛇の道は蛇]　1II
しゅうたいをさらす　[醜態をさらす]　22V
しゅうちゅうほうかをあびる　[集中砲火を浴びる]　19V
しゅらばをくぐりぬける　[修羅場を潜り抜ける]　10V
じょうき　[上気]　27V
しょうきのさた　[正気の沙汰]　4IV
しょうしせんばん　[笑止千万]　12IV
しょうたいをあらわす　[正体を現す]　16V
しょうたいをなくす　[正体をなくす]　30V
じょうとうしゅだん　[常套手段]　7IV
じょうにうったえる　[情に訴える]　18V
しょうめんきって　[正面切って]　11IV
しょうりをおさめる　[勝利を収める]　11V
しょをしたためる　[書を認める]　17V
しらぬまに　[知らぬ間に]　29I
しらべをすすめる　[調べを進める]　16V
しらをきる　[白を切る]　3II
しりがあおい　[尻が青い]　20III
しりしよく　[私利私欲]　19IV
しりぞける　[退ける]　24IV
しりにしく　[尻に敷く]　20III
しりにひがつく　[尻に火が付く]　20III
じりゅうにのる　[時流に乗る]　17II
しりをぬぐう　[尻を拭う]　6II
しれる　[知れる]　13IV
じろじろ　2I
じろん　[持論]　14V
しんがり　[殿]　18IV
しんさんをなめる　[辛酸を嘗める]　15II
しんたいきわまる　[進退窮まる]　24II
じんどる　[陣取る]　1IV
しんぼうえんりょ　[深謀遠慮]　22IV
しんみょう　[神妙]　25V
しんらいがあつい　[信頼が篤い]　16V

す
すいもあまいもかみわける　[酸いも甘いも噛み分ける]　10II
ずかずか　4I
すがる　[縋る]　20IV
すきがない　[隙がない]　21III
すきをねらう　[隙を狙う]　21III
すきをみせる　[隙を見せる]　21III
すぐ　20I
すくう　[巣食う]　6IV
すぐに　27I
ずけずけ　4I
すげない　12IV
すこやか　[健やか]　6V
ずさん　[杜撰]　12V
すじちがい　[筋違い]　6IV
すじみちをたてる　[筋道を立てる]　26V
すずなり　[鈴なり]　8IV
ずたずた　5I
すっからかんになる　25II
すっとんきょう　[素っ頓狂]　2V
すてばち　[捨て鉢]　10IV
ずにのる　[図に乗る]　10II
ずばずば　4I
すみわたる　[澄み渡る]　2V
すらすら　1I

せ
せいかがあがる　[成果が上がる]　14V
せいかん　[精悍]　30V
せいじゃくにつつまれる　[静寂に包まれる]　15V
せいぜい　22I
せいをだす　[精を出す]　25V
ぜいをつくした　[贅を尽くした]　14V
せきをあたためる　[席を温める]　22III
せきをあらためる　[席を改める]　22III
せきをきる　[堰を切る]　16II
せきをける　[席を蹴る]　22III
せけんがせまい　[世間が狭い]　30II
せこにたける　[世故に長ける]　10II
せじにうとい　[世事に疎い]　30II
ぜっこう　[絶好]　24V
ぜったいぜつめい　[絶体絶命]　29IV
ぜつみょう　[絶妙]　25V
せんいをそうしつする　[戦意を喪失する]　29V
せんがうかぶ　[(怨恨の)線が浮かぶ]　16V
せんとうをきる　[先頭を切る]　13V
ぜんとたなん　[前途多難]　30IV
ぜんぷく　[全幅]　4V

索　引

せんべんをつける　［先鞭を着ける］　13II
せんりつがはしる　［戦慄が走る］　26V

そ

そうぞうをぜっする　［想像を絶する］　22V
そこがあさい　［底が浅い］　26III
そこがしれない　［底が知れない］　26III
そこがわれる　［底が割れる］　26III
そっけない　［素っ気ない］　2V
そとづらがいい　［外面がいい］　18II
そろそろ　8I
そわそわ　6I
ぞんざい　18V

た

たいこもち　［太鼓持ち］　16II
たいちょうがすぐれない　［体調が優れない］　21V
たかがしれる　［高が知れる］　20II
たかだか　22I
たかぶる　［昂ぶる］　17IV
たからのもちぐされ　［宝の持ち腐れ］　23II
たぐいまれ　［類稀］　23V
たぐる　［手繰る］　19IV
たごんむよう　［他言無用］　3IV
たしか　［確か］　26I
たじたじ　5I
だそく　［蛇足］　3II
たたきあげ　［叩き上げ］　5V
ただもの　［只者］　28IV
たちおうじょうする　［立ち往生する］　24II
たちはだかる　［立ちはだかる］　8IV
たっちのさ　［タッチの差］　25II
たてにとる　［盾に取る］　13II
たなからぼたもち　［棚から牡丹餅］　2II
たぶん　26I
たぶんをはばかる　［多聞を憚る］　18V
たぼうをきわめる　［多忙を極める］　14V
だめだし　［駄目出し］　11IV
たらいまわし　［盥回し］　10IV
たんかをきる　［啖呵を切る］　4V
たんせい　［端正］　5V
たんのうする　［堪能する］　24IV
だんまりをきめこむ　［だんまりを決め込む］　10V
だんをとる　［暖を取る］　11V

ち

ちがこおる　［血が凍る］　12III
ちがにじむ　［血が滲む］　12III
ちくちく　14I

ちにおちる　［地に堕ちる］　5V
ちぬられた　［血塗られた］　2V
ちのけがひく　［血の気が引く］　12III
ちほをかためる　［地歩を固める］　9V
ちゅうやけんこう　［昼夜兼行］　14IV
ちょうけし　［帳消し］　23IV
ちょうそく　［長足］　16V
ちょうちんもち　［提灯持ち］　16II
ちょこざい　［猪口才］　9IV
ちをひく　［血を引く］　10V

つ

つい　16I
つかえがおりる　［支えが下りる］　24V
つかのま　［束の間］　6V
つきものがおちる　［憑き物が落ちる］　24V
つけあがる　［付け上がる］　10II
つけをはらう　［つけを払う］　5V
つぶら　［円ら］　6V
つみほろぼし　［罪滅ぼし］　3IV
つみをきせる　［罪を着せる］　10V
つむじをまげる　［つむじを曲げる］　21V
つらのかわがあつい　［面の皮が厚い］　12II
つれないへんじ　［つれない返事］　29V

て

てあらなまね　［手荒なまね］　19V
ていたい　［手痛い］　7IV
てがこむ　［手が込む］　29V
てきにまわす　［敵に回す］　5V
できばえ　［出来栄え］　1IV
てこいれをする　［梃入れをする］　23II
てずから　［手ずから］　19IV
でたとこしょうぶ　［出たとこ勝負］　18IV
てっきり　30IV
てっぺき　［鉄壁］　27V
てなずける　［手懐ける］　14IV
てにおえない　［手に負えない］　10III
てのうちをみせる　［手の内を見せる］　11V
てのつけようがない　［手の付けようがない］　8V
でまかせをいう　［出任せを言う］　12V
てまひまをかける　［手間暇をかける］　4V
でまをながす　［デマを流す］　21V
てもち　［手持ち］　23V
てもちぶさた　［手持無沙汰］　26IV
でるところへでる　［出る所へ出る］　9II
でるまく　［出る幕］　9IV
てをさしのべる　［手を差し伸べる］　13V
てをだす　［手を出す］　10III
てをやく　［手を焼く］　10III

索　引

てんじょうしらず　［天井知らず］　10V
てんしんらんまん　［天真爛漫］　17IV
てんすうをかせぐ　［点数を稼ぐ］　3II
てんでに　6IV
てんぷのさい　［天賦の才］　23V

と
とういそくみょう　［当意即妙］　5IV
とうしをかきたてる　［闘志を掻き立てる］　27V
どうずる　［動ずる］　5IV
とおりいっぺん　［通り一遍］　1V
どがすぎる　［度が過ぎる］　23III
とぎすます　［研ぎ澄ます］　7IV
どきどき　5I
どぎまぎ　5I
どぎもをぬく　［度肝を抜く］　2V
ときをえる　［時を得る］　26II
とくいまんめん　［得意満面］　8IV
どくをもってどくをせいす　［毒を以て毒を制す］　1II
どじをふむ　［どじを踏む］　10V
とちをならす　［土地を均す］　19V
どっけをぬかれる　［毒気を抜かれる］　15II
とつぜん　［突然］　19I
とどのつまり　19II
とばっちりをうける　29V
とびきり　［飛び切り］　16V
とぶとりをおとす　［飛ぶ鳥を落とす］　19V
とめどがない　［止め処がない］　28II
とらえどころがない　［捉えどころがない］　29V
とりあう　［取り合う］　2IV
とりあえず　［取り敢えず］　18I
とりつくろう　［取り繕う］　2V
とりもつ　［取り持つ］　15IV
どりょうがおおきい　［度量が大きい］　29V
とるにたらない　［取るに足らない］　27IV
どろじあい　［泥仕合］　6IV
どろをかぶる　［泥を被る］　23II
どろをぬる　［泥を塗る］　22V
どをうしなう　［度を失う］　23III
どをこす　［度を越す］　23III

な
なおれ　［名折れ］　3IV
ながいものにはまかれよ　［長い物には巻かれよ］　4II
なかずとばず　［鳴かず飛ばず］　24II
ながとおる　［名が通る］　24III
なきをみる　［泣きを見る］　15II
なだめすかす　［宥め賺す］　20IV

なだれをうつ　［雪崩を打つ］　16II
なにくれとなく　［何くれとなく］　22II
なにしおう　［名にし負う］　21V
なべをつつく　［鍋をつつく］　9V
なみかぜがたつ　［波風が立つ］　21V
なみだぐましい　［涙ぐましい］　7V
なもない　［名もない］　24III
なりゆきをみまもる　［成り行きを見守る］　14V
なりをひそめる　［鳴りを潜める］　12V
なをしらしめる　［名を知らしめる］　2V
なをなす　［名を成す］　24III
なんしょくをしめす　［難色を示す］　7V

に
にえきらない　［煮え切らない］　4II
にじりよる　［にじり寄る］　7IV
にたにた　2I
にっちもさっちもいかぬ　［二進も三進も行かぬ］　2II
にのくがつげない　［二の句が継げない］　5II
にやにや　2I
にゅうねん　［入念］　21V
にらみをきかす　［睨みを利かす］　1V

ぬ
ぬかにくぎ　［糠に釘］　30II
ぬきさしならぬ　［抜き差しならぬ］　2II
ぬけぬけ　6I
ぬけみち　［抜け道］　4IV

ね
ねいきをたてる　［寝息を立てる］　25V
ねがえりをうつ　［寝返りを打つ］　22II
ねがったりかなったり　［願ったり叶ったり］　15IV
ねこにこばん　［猫に小判］　23II
ねこのてもかりたい　［猫の手も借りたい］　6V
ねちねち　14I
ねっきがさめやらない　［熱気が冷めやらない］　22V
ねっけつかん　［熱血漢］　17IV
ねてもさめても　［寝ても覚めても］　20II
ねほりはほり　［根掘り葉掘り］　22II
ねらいめ　［狙い目］　7IV
ねをたつ　［根を断つ］　27II
ねんきがはいる　［年季が入る］　11V
ねんとうにおく　［念頭に置く］　22V
ねんをおす　［念を押す］　30V

索　引

の
のうりをかすめる　[脳裏を掠める]　24V
のきをつらねる　[軒を連ねる]　13V
のこのこ　3I
のさばる　3IV
のしあがる　[のし上がる]　4IV
のそのそ　3I
のどからてがでる　[喉から手が出る]　13III
のどをうるおす　[喉を潤す]　13III
のどをとおる　[喉を通る]　27V
のどをならす　[喉を鳴らす]　13III
のべつまくなしに　[のべつ幕無しに]　20II
のみこみがはやい　[呑み込みが早い]　30V
のれんにうでおし　[暖簾に腕押し]　29II
のれんをまもる　[暖簾を守る]　16V
のろのろ　8I

は
はがうく　[歯が浮く]　14III
はかく　[破格]　14V
ばがしらける　[場が白ける]　11V
はがたたない　[歯が立たない]　14III
ばかにする　[馬鹿にする]　29III
ばかにならない　[馬鹿にならない]　29III
ばかばかしい　[馬鹿馬鹿しい]　15V
はからずも　[図らずも]　16IV
ばかをみる　[馬鹿を見る]　29III
はくしゃがかかる　[拍車がかかる]　9V
はくしん　[迫真]　11V
ぱくぱく　3I
はくひょうをふむ　[薄氷を履む]　1V
はくをつける　[箔を付ける]　2V
はしがつけられない　[箸が付けられない]　22V
はしくれ　[端くれ]　28IV
はしごをはずされる　[梯子を外される]　22II
はしなくも　[端無くも]　4IV
ばしゃばしゃ　9I
ばせいをあびせる　[罵声を浴びせる]　6V
はたいろをせんめいにする　[旗色を鮮明にする]　30II
はだがあう　[肌が合う]　10V
はたして　30I
はちくのいきおい　[破竹の勢い]　26V
はちのすをつついたよう　[蜂の巣をつついたよう]　15V
はったりをきかす　[張ったりを利かす]　19V
ぱっとしない　24II
はつぶたいをふむ　[初舞台を踏む]　22V
はっぽうふさがり　[八方塞がり]　5IV

はとがまめでっぽうをくったよう　[鳩が豆鉄砲を食ったよう]　15II
はなうたまじり　[鼻歌交じり]　12II
はながきく　[鼻が利く]　12III
はながたかい　[鼻が高い]　20III
はなしがちがう　[話が違う]　25III
はなしにならない　[話にならない]　25III
はなしをきりだす　[話を切り出す]　15V
はなしをつける　[話を付ける]　25III
はなすじがとおる　[鼻筋が通る]　18V
はなでわらう　[鼻で笑う]　12III
はなにかける　[鼻に掛ける]　20III
はなにつく　[鼻につく]　3III
はなもちならない　[鼻持ちならない]　1V
はなもひっかけない　[洟もひっかけない]　9II
はなをくすぐる　[鼻をくすぐる]　12III
はなをさかせる　[(話に)花を咲かせる]　9V
はなをならす　[鼻を鳴らす]　3III
はなをへこます　[鼻を凹ます]　20III
はなをへしおる　[鼻をへし折る]　3III
はにかむ　22IV
はねをのばす　[羽を伸ばす]　14V
はのぬけたよう　[歯の抜けたよう]　28II
はばをきかす　[幅を利かす]　25V
はもんをとうじる　[波紋を投じる]　11II
はやしたてる　[囃し立てる]　10IV
はらがすわる　[腹が据わる]　6III
はらにすえかねる　[腹に据えかねる]　6III
はらはら　6I
はらをいためる　[腹を痛める]　12V
はらをくくる　[腹を括る]　6III
はらをさぐる　[腹を探る]　1II
はりあう　[張り合う]　18IV
はりつめる　[張り詰める]　21IV
はれがましい　[晴れがましい]　20V
はれものにさわる　[腫れものに触る]　15V
はをくいしばる　[歯を食いしばる]　14III
ばをわきまえる　[場をわきまえる]　7V
はんきをひるがえす　[反旗を翻す]　27V
はんしんはんぎ　[半信半疑]　24IV
はんでおしたよう　[判で押したよう]　22II

ひ
ひがきえたよう　[火が消えたよう]　28II
ひがつく　[火が付く]　27III
ひがむ　[僻む]　6IV
ひきがねになる　[引き金になる]　19II
ひきぎわ　[引き際]　21IV
ひきもきらない　[引きも切らない]　8IV
ひけらかす　28IV

索　引

ひざがわらう　［膝が笑う］　1III
ひざをうつ　［膝を打つ］　1III
ひざをつきあわせる　［膝を突き合わせる］　1III
びしゃびしゃ　9I
びたいちもん　［びた一文］　6V
ひだりまえ　［左前］　5IV
ぴちゃぴちゃ　9I
ひっきりなし　［引っ切りなし］　8V
ひっこみがつかない　［引っ込みがつかない］　4V
ひつぜつにつくせぬ　［筆舌に尽くせぬ］　4V
ひっぱりだこ　［引っ張り凧］　2IV
ひとあたりがやわらかい　［人当たりが柔らかい］　30V
ひとかたならぬ　［一方ならぬ］　9V
ひとくさり　30IV
ひとごとではない　［他人事ではない］　28II
ひとなみはずれた　［人並み外れた］　14V
ひとまわり　［一回り］　17IV
ひとりあるき　［一人歩き］　19IV
ひとをくう　［人を食う］　6V
ひにあぶらをそそぐ　［火に油を注ぐ］　27III
ひのてがあがる　［火の手が上がる］　26V
ひのめをみる　［日の目を見る］　26II
ひぼうちゅうしょう　［誹謗中傷］　6IV
ひまにあかす　［暇に飽かす］　11II
ひまをぬすむ　［暇を盗む］　11II
ひゃくもしょうち　［百も承知］　23IV
ひょうしぬけ　［拍子抜け］　17IV
ひょうたんからこま　［瓢箪から駒］　2II
ひをつける　［火を付ける］　5V
ひをとおす　［火を通す］　27III
ひんしゅくをかう　［顰蹙を買う］　4V
ぴんとくる　［ピンとくる］　19II
びんぼうくじをひく　［貧乏籤を引く］　3V

ふ

ふいにする　10II
ふうぜんのともしび　［風前の灯］　11IV
ふくせんをはる　［伏線を張る］　17II
ふしくれだった　［節くれだった］　7V
ふしめ　［節目］　5IV
ふしんをつのらせる　［不審を募らせる］　30V
ふぜいがある　［風情がある］　23V
ふせきをうつ　［布石を打つ］　28V
ふだつき　［札付き］　9V
ふたつへんじ　［二つ返事］　15IV
ふちんをかける　［浮沈を賭ける］　20V
ぶつぶつ　7I
ふてぶてしい　10V
ふところをいためる　［懐を痛める］　7II
ふにおちない　［腑に落ちない］　21II
ふねをこぐ　［舟を漕ぐ］　30V
ふらふら　3I
ふんいきをかもしだす　［雰囲気を醸し出す］　23V
ふんぎりをつける　［踏ん切りをつける］　30II

へ

へいおんぶじ　［平穏無事］　20IV
へいこうせんにおわる　［平行線に終わる］　3V
へいせいをよそおう　［平静を装う］　3V
へそをまげる　［臍を曲げる］　21V
ぺちゃくちゃ　1I
へっちゃら　1IV
へばりつく　29IV
へらへら　2I
べらべら　1I
べらぼう　24IV
へりくつをこねる　［屁理屈をこねる］　18II
べんぎをはかる　［便宜を図る］　9V
べんごにまわる　［弁護に回る］　18V
へんてつもない　［変哲もない］　17II

ほ

ほうにふる　［棒に振る］　10II
ほおがそげる　［頬が削げる］　15III
ほおをそめる　［頬を染める］　15III
ほおをゆるめる　［頬を緩める］　15III
ほくそえむ　［ほくそ笑む］　9IV
ぼくとつとした　［朴訥とした］　21V
ぼけつをほる　［墓穴を掘る］　1II
ほそぼそ　7I
ほとばしる　［迸る］　25IV
ほねみにこたえる　［骨身に応える］　17III
ほねみにしみる　［骨身に滲みる］　17III
ほねみをけずる　［骨身を削る］　17III
ほろほろ　5I

ま

まくらをたかくする　［枕を高くする］　22III
まくらをならべる　［枕を並べる］　22III
まくらをぬらす　［枕を濡らす］　22III
まじまじ　2I
まっとうする　［全うする］　21IV
まとはずれ　［的外れ］　24V
まにうける　［真に受ける］　1V
まんじりともしない　29II
まんめんのえみ　［満面の笑み］　23V

索　引

み
みえをはる　［見栄を張る］　19V
みがすくむ　［身が竦む］　7III
みがはいらない　［身が入らない］　7III
みがひきしまる　［身が引き締まる］　22V
みがもたない　［身が持たない］　7III
みからでたさび　［身から出た錆］　1II
みけんにしわをよせる　［眉間に皺を寄せる］　18V
みこす　［見越す］　25IV
みじたく　［身支度］　26IV
みすかす　［見透かす］　22IV
みずももらさぬ　［水も漏らさぬ］　5V
みずをあける　［水をあける］　6II
みずをうったよう　［水を打ったよう］　13V
みずをむける　［水を向ける］　15IV
みぞがうまる　［溝が埋まる］　2V
みそをつける　［味噌を付ける］　16V
みちがひらける　［道が開ける］　23III
みちすがら　［道すがら］　20IV
みちをふみはずす　［道を踏み外す］　23III
みちをゆずる　［道を譲る］　23III
みつくろう　［見繕う］　16IV
みとれる　［見とれる］　17IV
みのたけにあった　［身の丈に合った］　17V
みみがいたい　［耳が痛い］　5III
みみにいれる　［耳に入れる］　5III
みみにとどく　［耳に届く］　5III
みみより　［耳寄り］　17V
みもふたもない　［身も蓋もない］　12V
みゃくらく　［脈絡］　27IV
みるだに　［見るだに］　8IV
みるにしのびない　［見るに忍びない］　4V
みるにみかねる　［見るに見かねる］　21II
みをかためる　［身を固める］　1III
みをきるよう　［身を切るよう］　26V
みをのりだす　［身を乗り出す］　1III
みをひく　［身を退く］　1III
みをむすぶ　［実を結ぶ］　27II

む
むかっぱらをたてる　［向かっ腹を立てる］　24II
むしがいい　［虫がいい］　12II
むしがしらせる　［虫が知らせる］　19II
むしがすかない　［虫が好かない］　28III
むしがつく　［虫が付く］　28III
むしずがはしる　［虫唾が走る］　19V
むしもころさぬ　［虫も殺さぬ］　28III
むしろ　21I
むだぐちをたたく　［無駄口を叩く］　18II
むだめしをくう　［無駄飯を食う］　14II
むなさわぎがする　［胸騒ぎがする］　6II
むねがさわぐ　［胸が騒ぐ］　8III
むねがたかなる　［胸が高鳴る］　11III
むねがつまる　［胸が詰まる］　2III
むねがふさがれる　［胸が塞がれる］　1V
むねにきざむ　［胸に刻む］　8III
むねにしまう　［胸にしまう］　2III
むねにひっかかる　［胸に引っかかる］　11III
むねをこがす　［胸を焦がす］　2III
むねをつく　［胸を突く］　11III
むねをなでおろす　［胸を撫で下ろす］　8III

め
めいをうつ　［銘を打つ］　8V
めがきく　［目が利く］　8II
めがねにかなう　［眼鏡に適う］　2V
めさきがきく　［目先が利く］　8II
めすをいれる　［メスを入れる］　8II
めそめそ　4I
めためた　5I
めにあう　［〜目に遭う］　24V
めのたまのとびでるような　［目の玉の飛び出るような］　5V
めぼしい　22V
めもあてられない　［目も当てられない］　14III
めをうたがう　［目を疑う］　1V
めをおおう　［目を覆う］　4V
めをかける　［目をかける］　14III
めをしばたたかす　［目をしばたたかす］　25V
めをそむける　［目を背ける］　3III
めをつむ　［芽を摘む］　27II
めをとおす　［目を通す］　3III
めをぬすむ　［目を盗む］　3III
めをふせる　［目を伏せる］　19III
めをみはる　［目を見張る］　19III
めをむく　［目を剥く］　14III
めをやる　［目を遣る］　19III

も
もういをふるう　［猛威を振るう］　1V
もうすぐ　20I
もくもく　14I
もぐもぐ　14I
もごもご　7I
もそもそ　14I
もちかける　［持ちかける］　16IV
もちまえ　［持ち前］　27V
もてはやす　23IV
もとより　27IV

索　引

ものおじせず　［物怖じせず］　21II
ものともせず　［物ともせず］　21II
ものにどうじない　［物に動じない］　8V
ものになる　［物になる］　27II
ものものしい　［物々しい］　9V
ものわかれにおわる　［物別れに終わる］　7V
ものをいわせる　［(権力に)物を言わせる］　1V
もりもり　3I

や

やおもてにたつ　［矢面に立つ］　23II
やおら　28IV
やきもき　6I
やけいしにみず　［焼け石に水］　30II
やせたとち　［痩せた土地］　19V
やつぎばや　［矢継ぎ早］　7II
やなぎにかぜ　［柳に風］　29II
やはり　30I
やぶへび　［藪蛇］　3II
やまがみえる　［山が見える］　27III
やまをかける　［山をかける］　27III
やまをこす　［山を越す］　27III
やみにほうむる　［闇に葬る］　15II
やりすごす　［やり過ごす］　29IV
やりばのない　［やり場のない］　3IV
やるきがうせる　［やる気が失せる］　7V
やんや　27V

ゆ

ゆうしゅうのびをかざる　［有終の美を飾る］　8V
ゆうじゅうふだん　［優柔不断］　15IV
ゆっくり　28I
ゆびおり　［指折り］　3V
ゆびをおる　［指を折る］　15III
ゆびをくわえる　［指をくわえる］　15III
ゆびをふれる　［指を触れる］　15III
ゆるしをこう　［許しを乞う］　21V

よ

ようきゅうをのむ　［要求を呑む］　18V
ようすをうかがう　［様子を窺う］　17V
ようりょうをえる　［要領を得る］　26V

よしんば　3IV
よかんがてきちゅうする　［予感が的中する］　24V
よたよた　1I
よだんをゆるさない　［予断を許さない］　3V
よにきこえる　［世に聞こえる］　28III
よびみずになる　［呼び水になる］　19II
よぼうせんをはる　［予防線を張る］　17II
よぼよぼ　1I
よもや　22IV
よもやまばなし　［四方山話］　22IV
よらばたいじゅのかげ　［寄らば大樹の蔭］　4II
よりをもどす　［撚りを戻す］　24V
よるのとばりにつつまれる　［夜の帳に包まれる］　20V
よろよろ　1I
よわたりがへた　［世渡りが下手］　3V
よわみにつけこむ　［弱みに付け込む］　29V
よわみをみせる　［弱みを見せる］　4V
よをしのぶ　［世を忍ぶ］　28III
よをすてる　［世を捨てる］　28III
よをてっする　［夜を徹する］　29II
よんどころない　［拠ない］　9V

ら行

らくいんをおす　［烙印を捺す］　2V
りちぎ　［律儀］　10V
りゅうげんひご　［流言飛語］　10IV
ろうをねぎらう　［労をねぎらう］　17V
ろくをぬすむ　［禄を盗む］　14II

わ

わいわい　13I
わきあいあい　［和気藹藹］　26IV
わざと　25I
わざわざ　25I
わってはいる　［割って入る］　26IV
わなをしかける　［罠を仕掛ける］　5V
わらいごとではない　［笑い事ではない］　28II
わらをもつかむおもい　［藁をもつかむ思い］　3V
わりきれない　［割り切れない］　21II
わりだか　［割高］　7V
わるびれる　［悪びれる］　8IV

執筆者(五十音順)
戎　妙子　　　（羽衣国際大学現代社会学部非常勤講師）
柴田　あぐに　（プール学院大学国際文化学部非常勤講師）
関　綾子　　　（プール学院大学国際文化学部准教授）
中谷　潤子　　（大阪産業大学専任講師）
松浦　芳子　　（白鳳女子短期大学総合人間学科非常勤講師）
松田浩志(蒼風)（プール学院大学国際文化学部教授）
山田　勇人　　（大阪成蹊大学芸術学部非常勤講師）

大学生、社会人の日本語応用力を伸ばす
使うことば２

2011年10月20日　印刷　　2011年11月１日　初版発行

KENKYUSHA
〈検印省略〉

著　者　　松田浩志　ほか
発行者　　関戸　雅男
印刷所　　研究社印刷株式会社

発行所　　株式会社　研究社

〒102-8152
東京都千代田区富士見2-11-3
電話（編集）03(3288)7711（代）
　　（営業）03(3288)7777（代）
振替　00150-9-26710
http://www.kenkyusha.co.jp/

Printed in Japan / ISBN 978-4-327-38460-9　C1081
装丁：たかはし文雄